Grandi Tascabili Economici

40

In copertina: René Magritte, *La casa di vetro*

Titolo originale: *Jean Piaget. The Man and His Ideas*

Traduzione di Elena Grillo

Terza edizione: febbraio 1995
Grandi Tascabili Economici Newton
Divisione della Newton Compton editori s.r.l.

Roma, Casella postale 6214

ISBN 88-7983-109-7

Stampato su carta Tamcreamy della Cartiera di Anjala
distribuita dalla Enso Italia , Milano
Copertina stampata su cartoncino Fine Art Board della Cartiera di Aanekoski

Jean Piaget

Cos'è la psicologia

Con l'autobiografia di Jean Piaget
e saggi di D. Elkind, H.J. Ginsburg, W.J. Krossner

A cura di Richard Evans

Grandi Tascabili Economici
Newton

A mia moglie
e ai miei figli

PREFAZIONE

Nel corso del lungo lavoro che è stato necessario per filmare e registrare i dialoghi con Jean Piaget e per la loro successiva trascrizione, per il loro commento e integrazione al fine di pubblicarli nel presente volume ho contratto debiti di riconoscenza con moltissime persone. Sebbene lo spazio impedisca di menzionare tutti coloro che tanto gentilmente mi hanno assistito in questa operazione, desidero esprimere il mio apprezzamento ad alcuni di essi.

Mentre preparavo la struttura del dialogo, preziosi suggerimenti mi sono venuti dal dott. Hans Furth, dell'Università Cattolica, il cui contributo ho particolarmente apprezzato, così come quello della signora Alice Bane, studentessa di psicologia che mi ha aiutato durante i primi stadi della preparazione del manoscritto.

Sono profondamente riconoscente anche all'Università di Houston per il permesso di utilizzare i testi del dialogo filmato. Tra coloro che mi hanno fornito un aiuto notevole deve essere citato il sig. James Bauer dell'Università di Houston, che ha adempiuto la rilevante funzione di dirigere tecnicamente le registrazioni e le riprese cinematografiche.

Desidero esprimere i miei ringraziamenti alla signora Bette Keating che con grande pazienza e attenzione si è presa cura dello spossante lavoro di ricontrollare e dattiloscrivere la stesura finale del manoscritto.

Sono riconoscente alla National Science Foundation, senza il cui ausilio questo progetto non avrebbe potuto essere portato a termine.

Ringraziamenti sono dovuti al dott. David Elkind dell'Università di Rochester per averci permesso di usare come parte del presente volume la sua bella introduzione alle idee di Piaget, apparsa per la prima volta nella rivista *Horizon.* (I nostri ringraziamenti vanno anche alla rivista *Horizon* per il permesso di riprodurre l'articolo). Apprezziamo anche la disponibilità del dott. Piaget che ci ha permesso di riprodurre la sua autobiografia, apparsa per la prima volta nell'opera curata da Boring et al., *History of Psychology Through Autobiography,* e il suo articolo «Epistemologia genetica», apparso per la prima volta in *Columbia Forum* (il nostro grazie va anche alla Clark University Press e a *Columbia Forum* per il permesso di riprodurre questi materiali).

La sig.ra Eleana Duckworth, a buon diritto considerata un'autorità su Piaget, ha fatto un lavoro ottimo traducendo in inglese le risposte francesi di Piaget. Il grande interesse da lei dimostrato per questo progetto, sia per il film che per il libro, è stato da noi grandemente apprezzato.

Il dott. Gui Cellerier, dell'Institut Jean-Jacques Rousseau, ha adempiuto l'importante ruolo di completare la traduzione della discussione tra il dottor Piaget e me e per questo gli sono grandemente riconoscente.

I miei ringraziamenti vanno anche allo studioso di psicologia Harvey Ginsburg che ha dato un notevole contributo sia nella redazione che nella ricerca delle fonti bibliografiche.

Particolarmente apprezzabile è la sua collaborazione, insieme a quella del dott. William J. Krossner jr. (il cui lavoro all'Harvard University Center for Cognitive Studies ha fornito un'ottima base per questa impresa), nel supervisionare le idee di Piaget esposte nella VII parte di questo volume.

Come anche è da apprezzare l'aiuto e l'interesse del collega del Dipartimento di Psicologia dott. Gerald Gratch, importante studioso delle idee di Piaget: a lui si deve l'inserimento della autobiografia di Piaget che appare nell'VIII parte di questo libro.

Infine, non può essere lodata a sufficienza la collaborazione di Jean Piaget e di Barber Inhelder, che col dott. Piaget appare nella parte filmata del dialogo. Non solo sono stati disposti a partecipare alle parti filmate e registrate di questo progetto, ma la loro genuina cortesia e la loro gentilezza, durante lo svolgimento di un lavoro che senz'altro era loro poco familiare, sarà a lungo ricordata da tutti noi.

RICHARD I. EVANS

Houston, Texas

INTRODUZIONE A PIAGET

RICHARD I. EVANS

ALCUNE OSSERVAZIONI SULLO STILE DEL DIALOGO E ANALISI DI ALTRE PARTI DEL VOLUME

Ad evitare possibili errori di valutazione, per quanto riguarda gli scopi dello stile dialogato usato in gran parte di questo libro, può essere utile un'analisi retrospettiva.

Questo volume è il settimo di una serie basata sul dialogo con alcuni dei massimi esponenti mondiali nel campo dello studio della personalità. Progettata per essere un mezzo innovatore d'insegnamento, la serie fu lanciata nel 1957 attraverso un ciclo di dialoghi con Carl Jung e Ernest Jones. Essa era finanziata da una sovvenzione del Fund for the Advancement of Education, ed è ancora oggi realizzata con i fondi della National Science Foundantion.

Scopo principale del progetto è quello di fornire, a fini didattici, una serie di film che presentino allo spettatore i maggiori contributi dei nostri intervistati nel campo della psicologia, della personalità e del comportamento.

Questi film possono anche servire come documenti di valore sempre più rilevante nella storia delle scienze comportamentali.

I libri di questa serie si basano sulla trascrizione dei dialoghi e includono sia il testo delle discussioni registrate sia il testo di quelle usate nei film.

I dialoghi non servono però solo a presentare al lettore le più importanti idee e i punti di vista dell'intervistato ma anche a trasmettere, attraverso l'estemporaneità dello stile dialogico, una impressione sulla sua personalità.

Quando completammo il primo volume della serie, basato su dialoghi con Jung e Jones (Evans, 1961), pensammo che avremmo potuto usare a buona ragione nel titolo la parola «conversazione» per definirne esattamente la formula. Tuttavia scoprimmo subito che questo avrebbe potuto suggerire ad alcuni potenziali lettori l'idea di qualcosa di più superficiale e casuale di ciò che ci eravamo proposti. Anche se nei nostri dialoghi abbiamo tentato di dare rilievo alla spontaneità, desideriamo che ciò non sminuisca il significato del contenuto del nostro lavoro. Siamo convinti che una discussione informale con un eminente studioso di una disciplina, il quale prenda in esame seriamente il proprio lavoro, non perda di importanza solo a causa di questa informalità.

Una discussione più dettagliata circa la filosofia e la tecnica con cui è stato portato avanti questo progetto è riportata altrove (Evans, 1969). Tuttavia possono essere messi qui in evidenza alcuni punti relativi al contenuto dei volumi.

Prima di tutto, poiché le domande intendono riflettere molti degli scritti pubblicati dall'interessato, ci si potrebbe aspettare che noi dessimo anche una panoramica sul suo intero lavoro. Bisogna però tenere presente che, a causa della selezione operata nell'elaborare il questionario, selezione resa necessaria dallo scarso tempo a nostra disposizione (sia nel film che riflette metà del tempo passato con l'intervistato, sia nei libri che ne riflettono circa il doppio) non si può dire che i risultati delle sedute costituiscano una base sufficiente per rendere tale panoramica completa e valida. Più generalmente, possiamo dire d'aver presentato una tecnica didattica in grado, quale ulteriore strumento, di venire incontro ad una tendenza osservata in molti dei nostri studenti d'oggi. E cioè una crescente fiducia nelle fonti secondarie di informazione relative ai maggiori studiosi delle varie discipline.

Il materiale raccolto con i nostri dialoghi fornisce una nuova «fonte originale» delle loro idee. E si spera che questo possa stimolare il lettore a consultare gli scritti originali dell'intervistato, dove le sue idee sono sviluppate in modo più ampio.

Infatti per definire il nostro lavoro è stato alla fine adottato il termine «dialogo» in luogo di «conversazione». Esso implica una maggiore programmazione di contenuti rispetto al secondo termine. Il termine dialogo qualche volta comporta anche una «provocazione» o un confronto con la persona intervistata. Inoltre, ad alcuni, il termine dialogo suggerisce che l'intervistatore si stia semplicemente servendo della persona intervistata come di uno strumento per proiettare nella situazione il proprio ruolo didattico.

Intendo respingere entrambe queste interpretazioni. È mia intenzione che questi dialoghi riflettano un nuovo, costruttivo, metodo didattico e vedo il mio ruolo di intervistatore diverso sia da quello di centro focale sia da quello di provocatore critico.

Ritengo che lo scopo di questo progetto si potrà considerare raggiunto se io verrò considerato solo come un mezzo attraverso il quale i nostri intervistati possano esprimere le loro vedute. E si può ben dire qui che la buona volontà di questi ultimi, che hanno dedicato così generosamente il loro tempo alla nostra impresa, è un riflesso diretto del loro interesse e della loro fiducia nel valore culturale del nostro progetto.

Fin dall'inizio ciò fu evidente, per esempio, in una lettera di Carl Jung, riprodotta nel primo capitolo d'un volume dal titolo *Conversations with Carl Jung and Reactions from Ernest Jones* (Evans, 1964) [1].

Inoltre, la formula della seduta-intervista come base per l'esame critico delle idee di chi vi partecipa, è probabilmente più adatta a un altro tipo di progetto, poiché, anche se si dovesse mettere in luce, nelle interviste, la parte critica, sarebbe assai difficile, nel breve spazio di tempo a disposizione, fornire al lettore la critica alle idee dell'autore intervistato insieme alle sue idee. Sono certo peraltro che alcune delle persone che hanno accettato di partecipare al nostro progetto non lo avrebbero fatto se avessero pensato che questo sarebbe innanzitutto divenuto il contesto per un attacco critico del loro lavoro.

Come nel caso dei primi libri della serie — *Jung and Jones* (Evans, 1964), *Fromm* (Evans, 1966), *Erikson* (Evans, 1969a), *Skinner* (Evans, 1968), *Arthur Miller* (Evans, 1969b), *Gordon Allport* (Evans, 1970) —, noi speriamo che la forma dialogica permetta al lettore di penetrare alcune delle idee di Piaget, o di riesaminarle, attraverso un approccio relativamente informale, man mano che dai vari punti fissati preventivamente si sviluppano le domande che stimolano la discussione.

Si potrebbe far notare, tuttavia, che nelle opere scritte, come Piaget stesso dice nel suo stile personalissimo, si ha la possibilità di riscrivere e perfezionare fino a quando non si ritenga soddisfacente il prodotto finito. Ma, data la spontaneità della nostra discussione, Piaget è stato invitato a sviluppare le sue idee in modo estemporaneo. Spero che questo elemento di spontaneità aiuti a comprendere meglio «l'uomo che si cela nel libro», senza tuttavia che sfugga al lettore nessun punto fondamentale del suo pensiero.

Poiché il proposito essenziale di tutti i volumi di questa serie è mantenere la naturalezza della conversazione, le risposte di Piaget alle mie domande sono state lasciate pressoché

[1] Trad. it. *Psicoanalisi o psicologia analitica?,* a cura di Richard Evans, con una replica di Ernest Jones, Roma, Newton Compton, 1977 [2].

invariate nella sostanza, così come sono state tradotte da Eleonor Duckworth. Anche se, per ragioni di accuratezza, leggibilità, proprietà grammaticale, nella fase redazionale si sono apportate quelle modifiche rese indispensabili dal passaggio dalla conversazione orale a quella scritta.

Il dialogo, qui riportato, riproduce nel miglior modo possibile il tenore dello scambio tra il dottor Piaget e me, come si è svolto nella realtà. Nonostante alcuni interventi redazionali resi necessari, per le ragioni già dette, sia nelle risposte di Piaget che nelle mie domande, è stata una piacevole sorpresa rivedere il contenuto delle nostre ore di discussione e constatare quante poche modifiche e alterazioni si erano dovute apportare. Speriamo che ciò susciti nel lettore quelle reazioni non facilmente ottenibili dalla tradizionale presentazione didattica di Piaget o da alcune fonti bibliografiche secondarie riguardanti la sua opera. Allo scopo di ampliare per il lettore la conoscenza di Piaget e delle sue idee, ho aggiunto a questo libro alcune parti.

Nella parte introduttiva ho incluso una lucida introduzione a Piaget di David Elkind, indiscussa autorità nel campo degli studi piagettiani, dal titolo «La misurazione delle menti giovani». Sempre nell'introduzione è stato inserito un significativo scritto dello stesso Piaget intitolato «Epistemologia genetica», presentato per la prima volta in una conferenza tenuta pochi anni fa alla Columbia University. In esso l'autore mostra chiaramente il parallelismo tra la sua ricerca delle radici della conoscenza nella storia dell'uomo ed il suo geniale lavoro di analisi dello sviluppo del pensiero nel bambino. Alla fine del libro ho aggiunto una panoramica del modello di sviluppo intellettuale di Piaget scritta da me in collaborazione con il dott. William J. Krossner e il laureando in psicologia dell'Università di Houston Harvey Ginsburg. Scopo di questa parte è quello di chiarire alcuni dettagli settoriali del dialogo e di definire alcuni concetti chiave usati da Piaget. Inoltre, dal momento che sia Piaget che io ci siamo talvolta sia pur brevemente riferiti a Freud, Skinner ed Erikson, ho ritenuto che il lettore potesse essere interessato a conoscere il nostro pensiero sui punti di contatto tra le idee di Piaget e quelle di questi illustri psicologi.

Infine ho concluso il volume con l'affascinante autobiografia di Piaget, aggiornandone alcuni paragrafi e aggiungendovi un elenco delle sue pubblicazioni.

DAVID ELKIND

MISURAZIONE DELLE MENTI GIOVANI: INTRODUZIONE AL PENSIERO DI JEAN PIAGET

È ancora, a 74 anni, un'immagine familiare per le vie di Ginevra, mentre pedala in bicicletta o passeggia lentamente; alto, con le spalle curve è qualcosa di imponente, come se stesse rimuginando tra sé su qualche nuovo problema sorto dalle sue recenti ricerche sul mistero di come la conoscenza si sviluppa nei giovani esseri umani. La pipa sporge dalle sue labbra e una massa di bei capelli bianchi sfugge di sotto al basco blu. Nei luoghi chiusi il basco non c'è più, ma resta la pipa di schiuma ambrata; lui tira boccate di fumo, l'indice attorno al cannello, e gli occhi, dietro le lenti cerchiate di corno, si stringono con interesse quando gli vien mossa una domanda. E risponde — in francese — con un linguaggio lucido e chiaro, intercalando talvolta nelle risposte qualche lieve battuta; i suoi modi hanno il fascino del Vecchio Mondo (a meno che non pensi che si stia abusando del suo prezioso tempo, nel qual caso diventa brusco e burbero, e sembra emanare da lui un'atmosfera di presenza intellettuale non dissimile dall'atmosfera di presenza drammatica che emana da un grande attore).

È difficile, in questa descrizione, riconoscere un rivoluzionario. Il famoso psicologo svizzero Jean Piaget appare, a conoscerlo, piuttosto un benigno *pater familias* dotato di straordinarie capacità di comprensione; ed è infatti padre di tre figli ormai adulti. Cosa assai significativa, egli possiede un enorme grado di empatia per i bambini e una straordinaria capacità di comunicare con essi — qualità queste che lo hanno considerevolmente aiutato nel suo lavoro.

Eppure le sue scoperte e le teorie da lui elaborate in più di 40 anni di studio sullo sviluppo dell'intelligenza stanno producendo una vera e propria rivoluzione copernicana nelle nostre conoscenze sulla crescita e il funzionamento della mente umana.

Jean Piaget rivelò assai presto le sue capacità scientifiche: a dieci anni osservò un raro passero semi-albino e scrisse su di esso una nota che sottopose ad un giornale scientifico. Il giornale la pubblicò — fu questo il primo dei tanti articoli e dei più di trenta volumi che Piaget ha scritto e pubblicato.

Subito dopo Piaget divenne apprendista del curatore del museo di Neuchâtel, sua città natale. Questi, un biologo, aveva una bella collezione di molluschi e Piaget iniziò a studiarli pubblicando le sue scoperte su vari giornali scientifici svizzeri. A sedici anni aveva già una rispettabile bibliografia, così rispettabile che gli fu offerto — cosa incredibile — il posto di curatore della collezione di molluschi del museo di Ginevra — offerta che dovette rifiutare perché frequentava ancora le scuole superiori.

Sebbene la biologia fosse il suo primo amore e la disciplina in cui si laureò discutendo una tesi sui molluschi, Piaget non ne fu mai pienamente soddisfatto. In primo luogo, egli era interessato ai problemi filosofici del «come conosciamo» e il suo lavoro nel campo della biologia non era soddisfacentemente indirizzato alla soluzione di questo tipo di problema. Inoltre, capì presto che gli mancava l'abilità manuale — e forse anche lo stomaco — per operazioni quali la dissezione.

Dopo la laurea Piaget si dedicò ad un gran numero di attività che sperava fossero più congeniali alle sue capacità e ai suoi interessi. Amoreggiò con la psicoanalisi e passò sei mesi alla clinica psichiatrica Burghölzli di Zurigo (dove un tempo aveva lavorato Jung). Ma se Piaget si occupava della teoria freudiana (presentò una comunicazione sui sogni in occasione di una conferenza tenuta da Freud), aveva però scarso interesse per la pratica clinica. Più tardi si recò a Parigi dove lavorò in quella scuola in cui Alfred Binet aveva elaborato il suo test intellettivo. Fu proprio somministrando test ai bambini nel laboratorio della scuola di Binet che Piaget scoprì — o inventò — la propria strada scientifica.

Piaget scoprì che somministrando test intellettivi ai bambini avrebbe potuto non solo conciliare i suoi interessi biologici e filosofici ma anche eseguire esperimenti che richiedessero solo in piccola parte abilità manuale. Il bambino è innanzi tutto un organismo in crescita al quale è possibile applicare tutti i principi dello sviluppo biologico. È un organismo pensante che conosce progressivamente, in un modo o nell'altro, la realtà sociale e fisica entro la quale funziona. Sperimentando la comprensione del mondo fisico, biologico e sociale da parte del bambino a diversi livelli di età, Piaget sperava di trovare una risposta al problema di come si acquisisca la conoscenza. In effetti Piaget aveva creato una filosofia sperimentale che cercava di rispondere a problemi filosofici attraverso test empirici. Questa nuova disciplina fu da lui chiamata «epistemologia genetica».

È necessario sapere qualcosa dello *Zeitgeist* scientifico — dello spirito dei tempi — per inquadrare in una prospettiva reale il lavoro compiuto da Piaget. Negli anni venti e nei primi anni trenta la scienza sociale in America e in Inghilterra era diventata rigidamente ambientalista: in contrapposizione con la teoria delle tare ereditarie che ancora predominava in Europa nelle discussioni sul ritardo mentale e sul comportamento criminale, gli ambientalisti sottolineavano le brutali condizioni ambientali nelle quali erano stati allevati criminali e ritardati mentali.

In America il peso dato ai fattori ambientali si rifletteva in una totale preoccupazione per l'apprendimento che gli psicologi definivano come una modificazione del comportamento dovuta all'esperienza. I manuali di psicologia impiegavano pagine su pagine per respingere il fantasma dei cosiddetti istinti, dei modelli innati di comportamento. Mentre gli animali hanno istinti, veniva insegnato allo studente, l'uomo non ne ha quasi: perfino il concetto di maturazione, concepita come l'evolversi di modelli comportamentali determinati almeno in parte geneticamente, era considerato non scientifico. Non deve quindi stupire che un maturazionista come Arnold Gesell, le cui accurate osservazioni sono un modello di psicologia descrittiva, fosse così poco tenuto in considerazione dalla scienza dell'epoca.

In netto contrasto con l'ambientalismo della scienza sociale americana si poneva il nativismo della psicologia europea. Questo nativismo, una sorta di credo nel determinismo ereditario delle caratteristiche sociali e individuali, degenerò più tardi nella dottrina razzista del nazismo. Dall'Europa era venuta la psicologia della Gestalt, la quale sosteneva che l'esperienza non ci si presenta mai «alla rinfusa», ma in modo organizzato. Una sequenza di note musicali viene, ad esempio, da noi percepita come una melodia, non come una mera sequenza di note. Tale organizzazione, secondo gli psicologi della Gestalt, è determinata da innate strutture mentali organizzative. Quando, per sfuggire a Hitler, molti psicologi della Gestalt emigrarono in America, si scontrarono con gli ambientalisti. E i venti della controversia natura-educazione soffiarono caldi e forti.

Piaget non volle prendere posizione; vedeva se stesso come «l'uomo del giusto mezzo», colui cioè che considerava natura ed educazione sempre in relazione l'una con l'altra.

I suoi primi esperimenti con i molluschi gli avevano reso chiaro che l'influenza dell'ambiente e dell'ereditarietà erano reciproche, non assolute, e le sue prime osservazioni sui bambini lo convinsero che il rapporto di relazione tra natura ed educazione si estendeva anche alla questione dello sviluppo dell'intelligenza umana.

Scoprì che i bambini possedevano nozioni concernenti la natura e il mondo fisico che non avevano né ereditato né appreso nel senso classico del termine.

Scoprì, ad esempio, che i bambini piccoli credevano che la luna li seguisse quando facevano una passeggiata notturna; che i sogni entrassero dalla finestra mentre loro dormivano e che tutto ciò che si muoveva, ivi comprese le onde del mare e le tendine della finestra, fosse vivo.

Da dove venivano queste idee? Non erano innate, perché tutto ciò che è innato non cambia mentre la maggior parte dei bambini, crescendo, abbandona tali idee. Allo stesso modo esse non potevano venir apprese dagli adulti, perché gli adulti non le hanno e difficilmente avrebbero potuto perciò insegnarle ai bambini. E dal momento che bambini con retroterra sociali completamente diversi hanno tutti idee di questo tipo, esse non possono essere state apprese.

La risposta di Piaget a questo indovinello fu che le idee del bambino sul mondo sono «costruzioni» che implicano sia le strutture mentali sia l'esperienza. Come gli psicologi della Gestalt, Piaget affermava che l'esperienza non è percepita in modo immediato ma viene organizzata dalla nostra intelligenza. Ma egli compie poi un passo avanti, affermando che le strutture mentali organizzanti non sono fissate dalla nascita. Esse si sviluppano in relazione alla età secondo una regolare sequenza di stadi. Mentre i mutamenti relativi all'età implicano l'azione dell'esperienza, il loro ordinarsi riflette una interazione tra natura ed educazione. Piaget si dedicò alla ricerca dei principi che governano questa interazione.

Uno dei principi dello sviluppo messi in luce dal lavoro di Piaget è che la crescita mentale avviene per integrazione e per sostituzione e non soltanto per aggiunta di fatti nuovi. Il bambino di tre o quattro anni ha già un concetto elementare di quantità: messo a confronto con due identici bicchieri di aranciata pieni fino allo stesso punto, egli dice che tutti e due contengono la stessa quantità di liquido. Ma se sotto i suoi occhi si versa l'aranciata da uno dei due bicchieri in un bicchiere più stretto e più alto, Piaget ha osservato che il bambino dice che il bicchiere più alto contiene più liquido di quello più basso. Fino a circa sei o sette anni la maggior parte dei bambini non è in grado di capire che cambiare la forma di una quantità non modifica la quantità stessa. Il bambino piccolo ha un suo concetto di quantità ovviamente diverso da quello dei bambini più grandi o degli adulti: ritiene infatti che la quantità di un liquido possa esser valutata solo dal livello che questo raggiunge in un recipiente, senza tener conto della sua ampiezza. I bambini più grandi e gli adulti, nel valutare la quantità dei liquidi, prendono in considerazione sia l'altezza che l'ampiezza del recipiente. Questa è la crescita mentale attraverso l'integrazione, nel senso che una idea di più alto livello (la quantità è determinata sia dall'altezza che dall'ampiezza del recipiente) è formata per integrazione di due idee di livello più basso (la quantità è determinata dall'altezza *o* dall'ampiezza del recipiente). Ciò suggerisce che la crescita mentale è una sorta di spirale in espansione verso l'alto: gli stessi problemi vengono affrontati a successivi livelli di età ma la soluzione completa ed ottimale di un problema si raggiunge a ciascun livello più alto. Qualcosa di simile accade nella scienza. Gli antichi Greci parlavano di «atomi», ma la loro idea di atomo era senz'altro diversa da quella che hanno i fisici di oggi; eppure alcune delle loro concezioni di atomo coincidono o sono integrate con le nostre. La crescita per integrazione significa procedere da un concetto elementare ad uno più maturo, differenziato ed elaborato.

Il principio della crescita per integrazione assume particolare importanza per le sue applicazioni all'educazione.

A grandi linee il nostro sistema educativo si basa sulla crescita per aggiunta di dati. In realtà alcuni dati — la capitale della Grecia, il numero dei giorni della settimana, il significato della sigla O.N.U. — sono veri o falsi: la capitale della Grecia è Atene, ad esempio, e nessun'altra risposta è esatta. Ma un bambino che pensa che la quantità si valuti solo da una dimensione non ha un'idea sbagliata; semplicemente ne ha una diversa dalla nostra. L'opera di Piaget ci indica che dobbiamo ampliare i nostri punti di vista sulla conoscenza per includervi non soltanto i dati che riteniamo corretti ma anche quei concetti che possono essere uguali o diversi dai nostri senza per questo essere esatti o sbagliati.

La crescita mentale avviene anche per sostituzione.

In campi quali il giudizio morale e le idee intorno alla natura, le idee primitive dei bambini piccoli sono semplicemente sostituite, man mano che il bambino cresce, da idee più mature. Piaget scoprì per esempio che un bambino piccolo giudica una persona secondo la quantità dei danni che ha prodotto piuttosto che sulla base delle sue intenzioni.

Egli raccontò ai bambini due storie: nella prima un bambino, aiutando la mamma ad apparecchiare la tavola, inciampa e rompe dodici tazze; nella seconda un bambino cui era stato proibito di arrampicarsi sulla credenza per prendere la marmellata lo fa e rompe una sola tazza. I bambini piccoli ritengono che al bambino della prima storia spetti una punizione maggiore poiché ha rotto dodici tazze, mentre i bambini più grandi hanno la tendenza a ritenere più colpevole e quindi degno di maggiore punizione il bambino della seconda storia perché ha disobbedito, intenzionalmente, a sua madre.

Piaget ottenne risultati simili quando interrogò i bambini sulle bugie. Nuovamente a bambini di diversi livelli di età furono raccontate due storie. In una di esse un bambino raccontava alla mamma di aver visto un elefante rosa che ballava in mezzo alla strada, mentre una scimmia suonava un organino. Nell'altra un bambino riferiva di aver preso 10 in un compito di aritmetica mentre in realtà aveva preso solo 6. I bambini più piccoli dissero che il bambino che aveva raccontato la storia dell'elefante era più da biasimare perché la sua bugia era «più grossa». I bambini più grandi dissero che il bambino che aveva raccontato la storia dell'elefante lo aveva fatto solo per divertire la mamma ed era quindi meno colpevole di quello che aveva raccontato di aver preso un voto buono poiché quest'ultimo aveva consapevolmente voluto ingannare sua madre.

In questi e in molti altri studi simili, Piaget scoprì che i bambini piccoli hanno una morale «oggettiva», basata sulla quantità dei danni prodotti da una azione, mentre i bambini più grandi hanno una «morale soggettiva», basata sulle intenzioni del soggetto.

Questo progressivo sviluppo dalla morale oggettiva a quella soggettiva è tuttavia solo relativo, ed anche noi adulti spesso ricadiamo in giudizi basati sulla morale oggettiva — soprattutto quando abbiamo a che fare con i bambini.

Un bambino che, ad esempio, rompe deliberatamente un vecchio disco al quale non si annette particolare importanza, sarà rimproverato meno di uno che accidentalmente rompe il disco preferito da suo padre. In questi casi torniamo a giudicare la «cattiveria» di una azione in termini di danno materiale piuttosto che in termini di intenzionalità. Nella crescita mentale per sostituzione, quindi, c'è sempre la possibilità di un regresso ad un precedente livello di funzionamento mentale.

Le iniziali scoperte di Piaget a proposito dell'evoluzione mentale e dei principi dell'integrazione e della sostituzione non furono bene accolte. Il suo metodo di parlare con i bambini di un particolare argomento fu ampiamente criticato, i suoi risultati furono messi in dubbio e le sue interpretazioni furono ridicolizzate e scartate. In America, ancora fino a dieci anni fa, Piaget era considerato un vecchietto strambo che si aggirava sulle rive dei laghi svizzeri parlando con i bambini della natura e del mondo fisico. Nonostante le reazioni sfavorevoli, Piaget perseverò, estendendo le sue ricerche allo studio degli infanti — in particolare dei suoi tre figli — e degli adolescenti.

Nei lavori portati avanti durante gli anni trenta e quaranta, Piaget si occupò del fenomeno della «conservazione» che nel suo vocabolario si riferisce alla consapevolezza del bambino che una quantità rimane la stessa — cioè si «conserva» — nonostante il mutare della sua apparenza. Nell'esempio dell'aranciata versata da un contenitore di un certo formato in un altro di formato diverso, si dice che il bambino che si rende conto che la quantità rimane la stessa «ha» il concetto di conservazione.

Ciò che Piaget scoprì in questa seconda fase del suo lavoro fu la diffusa assenza del concetto di conservazione della quantità nei bambini piccoli.

Prima dei cinque o sei anni, per esempio, la maggior parte dei bambini ritiene che sei monete poste una sull'altra siano meno di sei monete poste una dietro l'altra e che se una di due identiche palle di argilla viene modellata come una salsiccia, ne aumenta la massa, il peso e il volume.

Intorno ai sette-otto anni, tuttavia, il bambino si rende conto che un mutamento nell'apparenza non significa un mutamento nella quantità. Piaget affermava che la scoperta da parte del bambino della conservazione della quantità era il riflesso di nuove strutture mentali e di nuovi modi di organizzare l'esperienza.

Durante questo periodo divenne evidente un secondo principio della crescita mentale e cioè che l'emergere di nuove strutture mentali organizzative dell'esperienza è accompagnato da un accrescersi della capacità di distinguere tra apparenza e realtà, cioè tra come le cose appaiono e come sono realmente. Ancora una volta questo principio di crescita mentale trova un parallelismo in ciò che è accaduto nella storia. Gli uomini antichi ritenevano che il sole girasse intorno alla terra e che la terra fosse piatta. Queste idee provenivano da una accettazione acritica delle informazioni ricevute per mezzo dei sensi: il sole sembra muoversi intorno alla terra e la terra attorno a noi appare piatta.

Noi superiamo le apparenze ingannevoli delle cose con l'ausilio della ragione. È l'apparire della capacità di ragionamento che mette in grado il bambino di scoprire la conservazione della quantità, il numero, la lunghezza. Per dimostrare che realmente è coinvolta la capacità di ragionamento, consideriamo la seguente situazione.

Supponiamo che ad un adulto vengano presentate una palla di argilla ed una salsiccia sempre di argilla e gli venga chiesto se esse hanno lo stesso peso. Senza pesare i due oggetti egli non avrebbe nessuna possibilità di saperlo, ma se egli sapesse che la salsiccia di argilla era prima una palla di argilla, potrebbe facilmente dedurre da ciò l'ugualianza di peso tra palla e salsiccia.

È con l'emergere delle strutture razionali elementari, intorno ai sei-sette anni, che il bambino comincia a distinguere tra come le cose appaiono e come sono in realtà. Ma a questa età la sua capacità è limitata alle cose materiali: la conservazione della lunghezza di un bastone, il numero degli elementi di un gruppo e la quantità di un liquido versato da un recipiente all'altro. Resta un altro livello nel quale la distinzione tra apparenza e realtà è ancora negata al bambino; si tratta del livello simbolico: il livello della metafora, dell'illusione, del doppio senso.

Piaget scoprì che solo durante l'adolescenza l'essere umano diventa capace di operare queste distinzioni. Per esempio i bambini non sono capaci di afferrare il significato satirico dei fumetti politici o il significato metaforico dei proverbi; solo durante l'adolescenza, quando appaiono ancora altre nuove strutture mentali organizzative, i giovani cominciano ad apprezzare il duplice significato, il significato morale (oltre a quello letterale) di libri quali i *Viaggi di Gulliver* e *Alice nel paese delle meraviglie.* Gli adolescenti sanno anche servirsi dell'ironia e della metafora per prendere in giro i loro nemici; diventano straordinariamente abili nel fare osservazioni taglienti anche se apparentemente innocenti.

Queste scoperte di Piaget hanno dimostrato la presenza di due livelli di distinzione tra apparenza e realtà: il livello concreto, nel quale la ragione rende capace il bambino di comprendere che la quantità non cambia anche se apparentemente subisce modifiche, e il livello simbolico, nel quale l'adolescente scopre i molteplici significati di una parola e apprende che il significato apparente delle parole può nascondere il loro reale significato e il loro reale intendimento. Sebbene gran parte di queste ricerche siano state condotte negli anni trenta-quaranta, esse non ebbero gran diffusione fino alla fine degli anni cinquanta, quando il nuovo «Zeitgeist» ancora una volta influì sulla comprensione del lavoro di Piaget.

Anche prima dell'era dello *sputnik,* i critici dell'educazione, in America, avevano cominciato a richiedere che gli educatori abbandonassero lo scopo di raggiungere «la formazione dell'intera personalità del bambino» e si dedicassero ad insegnare ai bambini «come pensare». Questo nuovo indirizzo spinse alla ricerca di nuovi tipi di programmi scolastici e di nuove materie curriculari.

Quando coloro che elaboravano i programmi scolastici si rivolsero alla psicologia per sapere come si sviluppa la mente e come i bambini pensano, scoprirono che gli psicologi avevano molto poco da offrire loro. A causa dell'eccesso di zelo volto a mantenere il carattere strettamente sperimentale della psicologia scientifica, i ricercatori nel campo della psicologia avevano svolto la maggior parte del loro lavoro sull'apprendimento riferendosi solo agli organismi inferiori e difficilmente i loro risultati potevano essere applicati al tipo di apprendimento nel quale erano impegnati i bambini a scuola. Fu attraverso gli sforzi di uomini come Jerome Bruner a Harvard e David Rapaport all'Austen Riggs Center di Stockbridge, Massachussetts, che l'opera di Piaget fu proposta all'attenzione di coloro che pianificavano i corsi scolastici. Nei libri di Piaget gli educatori poterono apprendere qual è la concezione dello spazio, del tempo e dei numeri nel bambino; come si sviluppano i processi razionali e l'abilità infantile nel classificare e porre in relazione le cose.

I pianificatori dei corsi scolastici scoprirono che Piaget aveva studiato come i bambini apprendono, e che era arrivato a definire l'apprendimento in un nuovo modo, un modo che essi tentarono di incorporare (non sempre con successo) nei loro nuovi programmi scolastici. La psicologia tradizionale aveva sempre definito l'apprendimento nei termini di «una modifica del comportamento, quale risultato dell'esperienza».

Tale definizione fa del discente un recipiente più o meno passivo degli avvenimenti che si producono nel suo ambiente. Se questo può essere vero per i ratti, è certamente non vero per i bambini. Piaget capovolse quella definizione e parlò dell'apprendimento come della «modifica dell'esperienza quale risultato del comportamento». Egli affermò che le azioni del bambino sul mondo esterno cambiano la natura della sua esperienza. C'è un altro mezzo per affermare la relazione che intercorre tra natura ed educazione. Se l'esperienza è sempre un prodotto (entro certi limiti) del comportamento del bambino, ogni modifica del comportamento in quanto risultato dell'esperienza deve essere posto in relazione con le azioni del bambino.

L'esperienza umana, allora, deve essere posta in relazione con l'azione umana.

Gli psicologi e gli educatori americani, anche quelli più vicini alla visione di Piaget, ebbero molte difficoltà ad accettare questa teoria. La difficoltà di accettarla fu causata dalla mancanza di familiarità con il terzo principio piagettiano di sviluppo mentale. La nostra tradizione si basava su di un empirismo che aveva come presupposto la completa separazione di mente e realtà.

Implicita nell'empirismo c'è una sorta di teoria della conoscenza come «copia» che sostiene che le nostre menti copiano puramente e semplicemente ciò che esiste nel mondo esterno, come una fotografia copia i *pattern* luminosi convogliati sulla pellicola. Piaget sostiene che la mente non copia mai la realtà ma la organizza e la trasforma poiché, come già Kant aveva affermato, la raltà in se stessa è inconoscibile.

Ognuno di noi ha fatto l'esperienza di guardare le nuvole e di vedervi castelli, cavalli, aeroplani, e così via. Dal momento che persone diverse vedono cose diverse nella stessa nuvola, risulta evidente che ciò che viene visto è il prodotto dei nostri individuali processi organizzativi. Questo è il principio sul quale è basato il test delle macchie d'inchiostro di Rorschach: la macchia d'inchiostro fornisce una configurazione ambigua che consente all'individuo di rivelare gli schemi organizzativi della sua mente.

Una caratteristica di tutte queste attività organizzative è che la persona è inconsapevole del proprio ruolo nel costruire ciò che vede; questo è il terzo principio piagettiano dello sviluppo mentale. Più di un paziente, posto a confronto con il test delle macchie d'inchiostro di Rorschach, ha accusato il testista di avergli mostrato «immagini sporche». Ciò che Piaget ha dimostrato è che il nostro ruolo nell'organizzare l'esperienza è più ampio di quanto noi stessi sospettiamo, ed è proprio questo ruolo organizzativo che è la principale causa di incomprensione tra adulti e bambini. Quando un adulto osserva una quantità di liquido che viene versata da un recipiente basso e largo in uno alto e stretto, i suoi processi organizzativi e deduttivi sono così rapidi che egli letteralmente *vede* che la quantità di liquido nel recipiente più alto è la stessa di prima.

La eguaglianza gli sembra essere una proprietà del liquido, come la sua fluidità e la sua umidità, e gli sembra quindi che non abbia niente a che vedere con i suoi processi mentali. Eppure la difficoltà che questo problema presenta ai bambini piccoli dimostra che la consapevolezza dell'eguaglianza della quantità deriva dalla capacità di ragionamento del soggetto e non da percepibili attributi dell'oggetto.

L'adulto vede il mondo che lo circonda assai diverso da come lo vede il bambino che non ha ancora l'idea della conservazione, e tuttavia non ne è consapevole. Questo dipende dal fatto che noi adulti riteniamo talmente scontato che i bambini vedano il mondo come noi che siamo spesso sconvolti o arrabbiati per il loro comportamento. E questa è anche la ragione per cui i bambini trovano gli adulti sorprendenti e incomprensibili. Lo stesso discorso vale per l'educazione, così che spesso gli insegnanti partono da assunti sbagliati su come i bambini vedono il mondo.

Il quarto principio piagettiano di sviluppo mentale, che in America comincia ora ad essere apprezzato, concerne la motivazione. Sulla base dei loro lavori sull'apprendimento degli animali, in cui sono necessarie ricompense esterne per addestrare un animale a certi comportamenti, gli psicologi ritenevano che lo stesso tipo di discorso fosse valido per l'apprendimento in generale. Una delle principali ragioni per cui a scuola vengono usati i voti, per esempio, è che questi costituiscono per il bambino una ricompensa al lavoro svolto. I bambini, soprattutto i bambini appartenenti alle classi medie, lavorano duramente per ottenere buoni voti.

Non tutto l'apprendimento necessita tuttavia di una ricompensa esterna, e le strutture che Piaget descrive portano ad un tipo di apprendimento spontaneo che non richiede nessuna ricompensa particolare. Se in un giorno qualunque si chiede ad un adulto che cosa ha fatto al mattino dopo colazione, questi sarà capace di fornire un resoconto accurato delle sue attività e sebbene non si metta a cercare di «ricordare» le sue azioni con lo stesso impegno con cui cercherebbe di ricordare una poesia e per quanto non gli si offra alcuna ricompensa, è ovvio che da parte sua c'è stato un apprendimento. Si tratta, naturalmente, di una qualità di apprendimento diversa da quella necessaria a memorizzare una poesia o la data di un avvenimento storico.

Devono essere presi in considerazione tre aspetti di questo tipo di apprendimento. Per prima cosa esso implica l'organizzazione del materiale in una sequenza spaziale, temporale o causale. Secondo, l'individuo che apprende non si rende conto del fatto che sta compiendo un processo organizzativo. Terzo e più importante, tale apprendimento implica sempre l'attività stessa del soggetto.

Queste caratteristiche di ciò che possiamo chiamare «apprendimento strutturale» sono presenti non solo quando noi richiamiamo alla mente come abbiamo trascorso la mattinata ma anche nel raggiungimento da parte del bambino dell'idea di conservazione della quantità, di numero e nella sua comprensione di classi e relazioni logiche.

In ogni caso, l'apprendimento comporta alcune classificazioni logiche dell'informazione, è inconscio a livello di colui che apprende, ed implica l'intervento di sue attività, ivi comprese quelle mentali quali il ragionamento.

Di conseguenza non è del tutto appropriato chiedersi «perché» un bambino raggiunge l'idea di conservazione come potremmo chiederci «perché» ha picchiato suo fratello. L'ultima domanda presuppone una intenzione consapevole e richiede una «risposta» in termini dinamici; la risposta potrebbe essere: «perché il fratello lo ha picchiato» o «perché il fratello gli ha preso un giocattolo» o un'altra dello stesso tenore. È una questione interamente diversa chiedersi perché un bambino non ha ancora l'idea della conservazione della quantità.

Questo tipo di interrogativo è analogo a quello «perché i pesci non camminano». In entrambi i casi è inappropriata qualunque risposta che implichi una intenzionalità. Dire che il bambino non ha l'idea della conservazione della quantità perché è troppo pigro o troppo preso da altre cose è come dire che i pesci non camminano perché preferiscono nuotare. Per entrambe le domande la risposta appropriata deve far riferimento a problemi di strutture e di funzioni.

Per spiegare perché un pesce nuota bisogna ricostruire la storia naturale del pesce, trattare della struttura e della forma del suo corpo e delle sue branchie e del funzionamento del suo apparato respiratorio. Allo stesso modo, per spiegare perché un bambino raggiunge la idea di conservazione della quantità, devono essere descritte le sue strutture mentali e il loro funzionamento.

Se un pesce non sa camminare, è perché gli mancano le necessarie strutture fisiche, e se un bambino non possiede l'idea di conservazione della quantità devono mancargli le necessarie strutture mentali. La conservazione è perciò una funzione naturale della capacità di ragionamento elementare come il nuoto è una funzione naturale degli organi del pesce e della conformazione del suo corpo. È perché volle sottolineare questa sorta di «motivazione» che Piaget rivolse una buona parte dei suoi studi alla formulazione in termini più specifici delle strutture mentali che caratterizzano lo sviluppo dell'intelligenza dall'infanzia all'adolescenza. Piaget ha descritto quattro stadi di sviluppo mentale, riassunti nei termini del maggiore scopo conoscitivo che ogni individuo è destinato a raggiungere.

Durante i primi due anni di vita (il periodo senso-motorio) le strutture mentali riguardano principalmente la padronanza degli oggetti concreti. Il secondo stadio, dai due ai sei-sette anni circa (il periodo preoperazionale) concerne la padronanza dei simboli compresi quelli che riguardano il linguaggio, la fantasia, il gioco, i sogni. Durante il terzo stadio, dai sei-sette ai dodici anni circa (il periodo delle operazioni concrete), i bambini apprendono le classificazioni, le relazioni e i numeri e il loro possibile uso nel ragionamento. Infine, dai dodici ai quindici anni circa (il periodo delle operazioni formali), i giovani si impadroniscono del pensiero astratto e sono in grado di rivolgere l'attenzione al proprio pensiero e al pensiero di altri.

Questi stadi di sviluppo mentale e i principi che se ne sono ricavati stanno gradualmente influenzando la psicologia americana e l'attività educativa, anche se non sempre in modo corretto. Ora che il nome di Piaget è diventato famoso, esso viene spesso citato a supporto di punti di vista che sono in opposizione con il reale indirizzo dell'opera piagettiana. Ad esempio, Piaget è citato come una autorità da coloro che sono favorevoli ad una istruzione formale prescolastica per i bambini, e da coloro che difendono invece nell'educazione dei bambini il valore del gioco e dei metodi informali. Piaget è sia criticato per concezioni che non ha mai avuto, sia lodato per posizioni che non ha mai assunto.

Nel 1969 l'American Psychological Association ha assegnato a Piaget un premio per il suo importante contributo nel campo della psicologia. Malgrado questo riconoscimento formale, Piaget conserva la sua ambigua posizione di intellettuale innovatore. Probabilmente ci vorranno decenni prima che le sue idee si radichino fermamente nella psicologia canonica, e allora Piaget, come Freud, sarà messo da parte perché l'aspetto più valido della sua opera sarà ormai un dato acquisito nel pensiero psicologico. Piaget lo sa, ma egli ha sempre avuto quella indifferenza per la celebrità, quella indipendenza di pensiero, quel rigore di propositi e quella dedizione alla verità che caratterizzano il vero innovatore intellettuale.

Sebbene Piaget non sia sempre stato trattato generosamente dai colleghi, egli conserva il suo *sense of humour,* il piacere del lavoro, la meraviglia per il mondo, l'interesse per la gente.

Non ultimo dei contributi di Piaget è l'esempio che egli fornisce ai suoi studenti e a tutti i giovani di una vita ben vissuta al servizio della scienza e dell'umanità.

JEAN PIAGET

L'EPISTEMOLOGIA GENETICA

L'epistemologia genetica si occupa della formazione e del significato della conoscenza e dei mezzi attraverso i quali la mente umana passa da un livello di conoscenza inferiore ad uno giudicato superiore. Non è compito degli psicologi decidere quale conoscenza sia inferiore ma è loro compito, piuttosto, spiegare come avviene il passaggio dall'una all'altra. La natura di questi passaggi, che sono storici, psicologici e talvolta anche biologici, è un problema reale.

L'ipotesi fondamentale della epistemologia genetica è che ci sia un parallelismo tra il progresso compiuto nell'organizzazione razionale e logica della conoscenza e i corrispettivi processi psicologici formativi. Basandosi su questa ipotesi, il campo più ovvio e più fecondo degli studi dovrebbe essere la ricostruzione della storia umana, o meglio della storia del pensiero umano nell'uomo preistorico. Sfortunatamente non siamo abbastanza ben informati sulla psicologia dell'uomo primitivo, ma ci sono bambini intorno a noi e studiando i bambini si hanno le migliori possibilità di studiare lo sviluppo della conoscenza logica, matematica, fisica, ecc.

Quando si prende in considerazione la natura della conoscenza, è indispensabile servirsi di dati psicologici. Tutti gli epistemologi si riferiscono nelle loro analisi a fattori psicologici ma, il più delle volte, questi riferimenti sono congetturali e non basati su ricerche psicologiche vere e proprie.

Sfortunatamente per la psicologia, tutti pensano di essere psicologi. Quando un epistemologo ha necessità di prendere in considerazione gli aspetti psicologici di un problema, non fa mai riferimento alla ricerca psicologica e non consulta mai gli psicologi, si basa solo sulle sue riflessioni. Mette cioè insieme certe idee e relazioni con ciò che lui pensa.

I positivisti logici, in particolare, non hanno mai tenuto conto della psicologia nella loro epistemologia; essi affermano che la realtà logico-matematica è derivata dal linguaggio.

A questo punto diventa necessario prendere in considerazione le effettive scoperte e il comportamento logico del bambino prima dello sviluppo del linguaggio. Nella mia disamina dello sviluppo delle strutture logiche nel bambino, vorrei iniziare col distinguere due aspetti complementari del pensiero: quello figurativo e quello operativo.

L'aspetto figurativo consiste nella imitazione di situazioni assunte come momentanee e statiche.

Nell'area cognitiva le funzioni figurative sono innanzi tutto la percezione, l'imitazione e la formazione dell'immagine mentale, che è imitazione interiorizzata.

L'aspetto operativo non consiste invece nelle situazioni, ma nelle trasformazioni da una situazione all'altra.

Esso include le stesse azioni, che trasformano oggetti o situazioni, e le operazioni intellettuali, che sono essenzialmente sistemi di trasformazione. Gli aspetti figurativi sono sempre subordinati a quelli operativi. Ogni situazione può essere compresa solo come risultato di certe trasformazioni, o come punto di partenza per trasformazioni ulteriori.

Secondo me, quindi, l'aspetto fondamentale del pensiero è quello operativo; ritengo che la conoscenza umana sia essenzialmente attiva. Conoscere è assimilare la realtà all'interno dei sistemi di trasformazione. Conoscere è trasformare la realtà per comprendere come viene ottenuta.

In virtù di questo punto di vista, mi sono trovato ad oppormi ad una visione della conoscenza come copia passiva della realtà.

Nei fatti questa nozione si basa su un circolo vizioso: per fare una copia di un modello bisogna conoscerlo, ma l'unico modo di conoscere il modello è copiarlo. Io ritengo tuttavia che conoscere un oggetto significa agire su di esso, costruendo sistemi di trasformazione che possano essere messi in pratica sull'oggetto stesso o con esso.

Conoscere la realtà significa costruire sistemi di trasformazione che corrispondano ad essa in modo più o meno adeguato. Essi sono più o meno isomorfici alla trasformazione della realtà. Le strutture trasformazionali in cui consiste la conoscenza non sono copie delle trasformazioni reali: sono semplicemente possibili modelli isomorfi che l'esperienza ci insegna a scegliere. La conoscenza quindi è un sistema di trasformazioni che si adeguano progressivamente.

Siamo d'accordo che le strutture logiche e matematiche sono astratte mentre la conoscenza fisica, che è basata sull'esperienza, è concreta. Ma ci sia permesso di domandarci da che cosa la conoscenza logica e matematica è astratta. Ci sono due possibilità. La prima è che quando noi esercitiamo una azione su un oggetto, la nostra conoscenza derivi dall'oggetto stesso. Un bambino, ad esempio, può sollevare oggetti con le sue mani e rendersi conto che essi hanno pesi diversi, che solitamente quindi le cose grandi pesano più di quelle piccole, ma che talvolta le cose piccole possono pesare più di quelle grandi. Tutto ciò egli lo scopre sperimentalmente, e la sua conoscenza è astratta dagli oggetti stessi. Questo è il punto di vista dell'empirismo in genere, ed è vero per la maggior parte dei casi di conoscenza sperimentale o empirica. Ma c'è una seconda possibilità: quando noi stiamo esercitando un'azione su di un oggetto, possiamo anche prendere in considerazione l'azione stessa, o operazione, dal momento che la trasformazione può essere eseguita mentalmente.

Secondo questa ipotesi, l'astrazione è derivata non dall'oggetto su cui agiamo ma dall'azione stessa. Mi sembra che questa sia la base della astrazione logica e matematica. A questo punto vorrei fornire un esempio che abbiamo sperimentato con moltissimi bambini.

Questo esperimento mi fu suggerito per la prima volta da un amico matematico che lo considerava il punto di partenza dei suoi interessi per la matematica. Quando era un bambino, un giorno si mise a contare dei sassolini; li mise in fila uno dopo l'altro, li contò procedendo da destra a sinistra e arrivò a contarne dieci. Poi, li contò da sinistra a destra per vedere a che numero sarebbe arrivato e fu stupito di constatare che era arrivato di nuovo a dieci. Mise poi i sassolini in circolo e li contò e ancora una volta erano dieci. Girò allora intorno al circolo, li contò dall'altro senso e arrivò egualmente al numero dieci. In qualunque modo disponesse i sassi, quando li contava erano sempre dieci. Aveva scoperto quella che in matematica è nota come proprietà commutativa: cioè che il risultato di una somma è indipendente dall'ordine dei numeri sommati.

Ma come aveva fatto questa scoperta? La proprietà commutativa era una proprietà insita nei sassi? È vero che i sassolini gli consentivano di fare quel tipo di operazioni; non avrebbe potuto fare la stessa cosa con delle gocce d'acqua. Così, in questo senso, c'era un aspetto fisico nella sua conoscenza. Ma l'ordine non era insito nei sassolini; era lui, il soggetto, che li metteva in fila e poi in circolo. Inoltre la somma non era nei sassolini stessi, era lui ad unirli. La conoscenza che questo futuro matematico aveva acquisito quel giorno scaturiva non dalle proprietà fisiche dei sassolini ma dalle azioni che lui aveva compiuto su di essi.

Il primo tipo di astrazione dagli oggetti a cui mi riferirò sarà «l'astrazione semplice»; chiamerò il secondo tipo «astrazione riflessa», usando il termine «riflesso» nella sua duplice accezione. «Riflesso» ha, in aggiunta al significato suo proprio della fisica, un significato anche in psicologia. Nel suo senso fisico, la parola «riflessione» si riferisce a fenomeni del tipo della riflessione di un raggio di luce da una superficie su un'altra. In questo senso l'astrazione è una riflessione dal livello dell'azione al livello intellettuale di operazione. Ma in altro senso la parola «riflessione» si riferisce al processo mentale di riflessione, cioè al livello di pensiero in cui ha luogo una riorganizzazione.

Vorrei ora fare una distinzione tra due tipi di azioni. Da un lato ci sono azioni singole — quali gettare, spingere, toccare, strofinare. È da queste azioni che di solito ha origine l'astrazione dagli oggetti. Si tratta dell'astrazione semplice di cui ho parlato precedentemente. L'astrazione riflessa, invece, è basata non su azioni singole ma su azioni coordinate. Le azioni possono essere coordinate in vari modi. Esse possono essere aggiunte l'una all'altra (coordinazione additiva); possono succedersi in ordine temporale (coordinazione ordinale o sequenziale); può essere stabilita una corrispondenza tra una azione e l'altra o possono essere stabilite intersezioni tra azioni. Tutte queste forme di coordinazione hanno un parallelo nelle strutture logiche e, secondo me, è proprio questa coordinazione a livello di azione che è alla base delle strutture logiche quali si sviluppano più tardi nel pensiero. La mia ipotesi infatti è questa: le radici del pensiero logico non vanno ricercate solo nel linguaggio, anche se la coordinazione del linguaggio è assai importante. Piuttosto le radici della logica devono essere cercate più generalmente nella coordinazione delle azioni che sono la base della riflessione astratta.

Questo è solo l'inizio di un'analisi a ritroso che potrebbe essere spinta molto lontano. Nell'epistemologia genetica, così come nella psicologia evolutiva, non c'è mai un punto di partenza assoluto.

Non si può mai andare indietro fino al punto indicabile come il reale inizio delle strutture logiche. Non appena cominciamo a parlare del coordinamento generale delle azioni, ci inoltriamo nel campo della biologia. Cosa che non è ora nei miei intendimenti. Io voglio solo spingere l'analisi a ritroso limitatamente al campo della psicologia e voglio mettere in chiaro ancora una volta che la formazione delle strutture logiche e matematiche nel pensiero umano non può essere spiegata solo attraverso il linguaggio, ma affonda le sue radici nella coordinazione generale delle azioni.

L'argomento decisivo contro la posizione che sostiene che le strutture logiche e matematiche derivano unicamente dalle forme linguistiche è che, nel corso dello sviluppo intellettuale di ciascun individuo, le strutture logico-matematiche esistono *prima* dell'apparire del linguaggio. Il linguaggio appare in genere verso la metà del secondo anno di vita ma, prima di allora, intorno alla fine del primo anno o all'inizio del secondo, è presente nel bambino un'intelligenza senso-motoria che è un'intelligenza pratica dotata di una sua logica — la logica dell'azione. Le azioni prodotte dall'intelligenza senso-motoria sono suscettibili di essere ripetute e generalizzate. Ad esempio, un bambino che ha imparato a tirare verso di sé una coperta allo scopo di raggiungere un giocattolo che vi è sopra, è poi capace di tirare verso di sé la coperta per raggiungere qualunque altra cosa vi sia sopra. L'azione può anche essere generalizzata nel senso che il bambino impara a tirare verso di sé uno spago per raggiungere ciò che è attaccato all'altro capo, o nel senso che impara ad usare un bastone per raggiungere un oggetto distante.

Ciò che è ripetibile e generalizzabile in una azione è ciò che ho chiamato schema, e io sostengo che c'è una logica di schemi. Il singolo schema non ha in sé una componente logica, ma gli schemi possono essere coordinati l'uno con l'altro, ciò implicando il coordinamento generale delle azioni. Queste coordinazioni formano una logica delle azioni che sono il punto di partenza per le strutture logico-matematiche. Per esempio uno schema può consistere di sottoschemi o sottosistemi. Se io muovo un bastone per muovere un oggetto, c'è in questo schema un sottoschema riguardante la relazione tra la mano e il bastone, un secondo sottoschema riguardante la relazione tra il bastone e l'oggetto, un terzo sottoschema riguardante la relazione tra l'oggetto e la sua posizione nello spazio, e così via. Questo è l'inizio della relazione di inclusione.

I sottoschemi sono compresi nello schema totale allo stesso modo in cui nelle strutture classificatorie logico-matematiche le sottoclassi sono comprese nella classe totale. In uno stadio più tardo questa relazione di inclusione di classe dà origine ai concetti. Nello stadio senso-motorio, uno schema è una sorta di concetto pratico.

Un altro tipo di logica implicita nella coordinazione di schemi è la logica dell'ordine: per esempio, per ottenere uno scopo noi dobbiamo passare attraverso certi mezzi. C'è quindi un ordine tra i mezzi e lo scopo da raggiungere. In più, sono le relazioni pratiche-ordinative di questo tipo che stanno alla base delle più tarde strutture logico-matematiche di ordine. C'è anche un tipo primitivo di corrispondenza biunivoca. Quando un infante imita un modello, c'è una corrispondenza tra il modello da una parte e la imitazione di esso dall'altra. Anche quando l'infante imita se stesso, cioè quando ripete un'azione, c'è una corrispondenza tra l'azione come viene effettuata la prima volta e l'azione come viene effettuata la volta successiva.

In altre parole, possiamo reperire nell'intelligenza senso-motoria una certa logica di inclusione, una certa logica di ordine e una certa logica di corrispondenze che io sostengo essere i fondamenti delle strutture logico-matematiche. Non si tratta ancora di operazioni, ma dei primordi di quelle che più tardi diventeranno operazioni. Si possono anche riscontrare nell'intelligenza senso-motoria le radici di due essenziali caratteristiche operative, cioè una forma di conservazione e una forma di reversibilità.

La conservazione caratteristica dell'intelligenza senso-motoria assume la forma della nozione di permanenza di un oggetto. Questa nozione non esiste nell'infante fino circa alla fine del primo anno di vita. Se tra un bambino di sette o otto mesi e un qualsiasi oggetto che lo interessa e che può raggiungere con la mano noi frapponiamo improvvisamente uno schermo, non solo l'oggetto scompare alla sua vista ma diventa per lui inaccessibile. Egli ritirerà la sua mano e non compirà nessun tentativo di scostare lo schermo anche se questo è costituito da qualcosa di leggero come un semplice fazzoletto. Intorno alla fine del primo anno invece egli sposterà lo schermo e continuerà a cercare di raggiungere l'oggetto. Sarà anche capace di seguire un certo numero di spostamenti successivi dell'oggetto stesso. Se l'oggetto è messo in una scatola e la scatola è posta dietro una sedia, ad esempio, il bambino sarà in grado di seguire questi successivi mutamenti di posizione. La nozione di permanenza dell'oggetto è quindi l'equivalente senso-motorio della nozione di conservazione che si sviluppa più tardi a livello operazionale.

Allo stesso modo, possiamo individuare gli inizi della nozione di reversibilità nella comprensione delle posizioni nello spazio e dei cambi di posizione.

All'inizio del secondo anno i bambini hanno una nozione pratica di spazio, quel tipo di nozione che in geometria si riferisce al gruppo degli spostamenti, cioè la comprensione che un movimento in una direzione può essere annullato da un movimento in un'altra direzione, che un punto nello spazio può essere raggiunto attraverso una o più strade. Questo è il tortuoso comportamento che gli psicologi hanno studiato molto dettagliatamente negli scimpanzè e nei bambini.

Questa è l'intelligenza pratica. Non è al livello di pensiero e non è affatto al livello di rappresentazione, ma il bambino, per mezzo di questo tipo di intelligenza, può esercitare la sua azione nello spazio. Inoltre questa organizzazione esiste già dalla seconda metà del primo anno, prima che il bambino sappia esprimersi attraverso il linguaggio. Quanto ho detto è sufficiente come primo argomento. Il mio secondo argomento tratta dei bambini il cui pensiero è logico ma che non sono in grado di esprimerlo con il linguaggio, cioè i sordomuti. Prima di trattare le scoperte sperimentali sull'intelligenza dei bambini sordomuti, vorrei accennare brevemente alla natura della rappresentazione. Nell'età compresa tra i diciotto mesi e i sette-otto anni, quando appaiono le operazioni, la logica pratica dell'intelligenza senso-motoria attraversa un periodo in cui viene interiorizzata, in cui prende forma nel pensiero a livello di rappresentazione piuttosto che di sole azioni esteriori. Vorrei qui insistere su di un punto che è troppo spesso dimenticato, e cioè sul fatto che ci sono molte forme di rappresentazione. Le azioni possono essere rappresentate in molti modi diversi dei quali il linguaggio è solo uno. Questo è un aspetto di quella funzione generale che alcuni chiamano funzione simbolica. Io preferisco invece usare il termine linguistico e chiamarla funzione semiotica. Si tratta della capacità di rappresentare qualcosa attraverso un segno, un simbolo o un altro oggetto. In aggiunta al linguaggio, la funzione semiotica comprende la gestualità, sia idiosincratica sia, come nel caso del linguaggio dei sordomuti, sistematica. Comprende l'imitazione differita, cioè l'imitazione che ha luogo quando il modello non è più presente. Comprende il disegno, la pittura, l'immaginazione mentale o l'imitazione interiorizzata. In tutti questi tipi di funzione semiotica c'è una rappresentazione significativa di ciò che si vuole dire e tutti questi mezzi espressivi sono usati dai singoli bambini al momento in cui passano da una intelligenza limitata all'azione, al pensiero. Il linguaggio è solo uno tra i tanti aspetti della funzione semiotica, anche se in molti casi è il più importante.

Questa posizione è confermata dal fatto che nei bambini sordomuti troviamo presenti il pensiero e le strutture logiche, anche in assenza del linguaggio. Il prof. Pierre Oleron, in Francia, ha svolto un interessante lavoro in questo campo. Negli Stati Uniti, desidero citare in particolar modo il lavoro del prof. Hans Furth e il suo eccellente libro *Pensiero senza linguaggio*. Furth individua un certo ritardo nello sviluppo delle strutture logiche nei bambini sordomuti rispetto ai bambini normali; ciò non deve stupire dal momento che nei primi gli stimoli sociali sono limitati dalla menomazione, ma a parte questo ritardo, il processo di sviluppo delle strutture logiche è identico. Egli trova nei sordomuti capacità di classificazione del tipo che abbiamo già analizzato, ed inoltre corrispondenza, quantità numerica e rappresentazione dello spazio. In breve, anche senza il linguaggio, c'è in questi bambini un buono sviluppo del pensiero logico. Un altro punto di notevole interesse è che, sebbene i bambini sordomuti presentino un certo ritardo rispetto ai bambini normali, il loro ritardo è assai inferiore a quello dei bambini ciechi dalla nascita. Gli infanti ciechi hanno il grosso svantaggio di non essere in grado di operare nello spazio quelle coordinazioni che i bambini normali sono in grado di operare nei primi due anni di vita, di modo che lo sviluppo dell'intelligenza sensomotoria e la coordinazione delle azioni sono per essi, a questo livello, seriamente compromessi. Per questa ragione, si è scoperto che ci sono sempre grandi ritardi nel loro sviluppo al livello di pensiero rappresentativo e che il linguaggio non è sufficiente a compensare la deficienza nella coordinazione delle azioni. Il ritardo è alla fine compensato, ma, ciononostante, è assai più considerevole e significativo del ritardo nello sviluppo logico dei bambini sordomuti.

La mia ultima argomentazione sarà basata sul lavoro di Hermine Sinclair, che ha studiato i rapporti tra i livelli operazionale e linguistico nei bambini tra i cinque e gli otto anni. La Sinclair, prima di iniziare a Ginevra i suoi studi di psicologia, era una linguista; al momento del suo primo incontro con il nostro lavoro, era persuasa della validità dell'opinione dei positivisti logici e cioè che il livello operazionale dei bambini riflettesse semplicemente il loro livello linguistico. Le suggerii di studiare il problema dal momento che non era stato ancora affrontato in modo soddisfacente, e di vedere quali rapporti esistessero tra i due livelli. Come risultato la Sinclair produsse il seguente esperimento. Per prima cosa fissò due gruppi di bambini. Il primo gruppo era composto di «conservatori», di bambini cioè che si rendevano conto che quando un liquido veniva versato da un bicchiere di una certa forma in un bicchiere di forma diversa la sua quantità, nonostante le apparenze, non cambiava. L'altro gruppo era composto di «non conservatori», di bambini cioè che giudicavano la quantità di liquido secondo l'apparenza e non secondo la correlazione tra altezza e larghezza del recipiente o ragionando nei termini del fatto che non si era aggiunto né tolto liquido. Poi la Sinclair passò a studiare il linguaggio di ogni gruppo, dando ad ogni bambino dei semplici oggetti da descrivere. Di solito presentava loro una coppia di oggetti in modo che i bambini potessero descriverli sia comparandoli l'uno all'altro sia individuando le caratteristiche di ognuno di essi. (Ella ad esempio dava loro da descrivere matite di differente grandezza e lunghezza). Scoprì notevoli differenze nel linguaggio usato dai bambini per descrivere gli oggetti secondo che essi appartenessero al gruppo dei «conservatori» o al gruppo dei «non conservatori». I «non conservatori» tendevano a descrivere l'oggetto in termini che i linguisti chiamano «scalers» (per gradi). Cioè descrivevano un oggetto alla volta elencandone una alla volta le singole caratteristiche: «Questa matita è lunga»; «Questa matita è larga»; «Questa matita è corta», ecc.

I «conservatori» d'altra parte usavano nella descrizione ciò che i linguisti chiamano «vectors» (= vettori). Prendevano cioè in considerazione due oggetti alla volta e più di una caratteristica alla volta. Le loro risposte erano quindi del tipo: «Questa matita è più lunga di quell'altra ma quell'altra è più larga di questa». Presto l'esperimento sembrò mostrare una relazione tra il livello operazionale e quello linguistico, ma non indicò in che modo l'influenza veniva esercitata. È il livello linguistico a influenzare quello operazionale o il livello operazionale a influenzare il progresso linguistico? Per rispondere a questa domanda la Sinclair proseguì l'esperimento con un altro indirizzo. Impartì una educazione linguistica al gruppo dei «non conservatori». Servendosi dei metodi classici della teoria dell'apprendimento, insegnò ai bambini di questo gruppo a descrivere gli oggetti negli stessi termini usati da quelli del gruppo dei «conservatori». Successivamente li sottopose nuovamente ad un esame allo scopo di verificare se questo tipo di educazione linguistica aveva sortito effetti sul livello operazionale. (Ella effettuò questo esperimento in diverse aree operazionali, non soltanto in riferimento all'idea di conservazione ma anche a quella di seriazione, ecc.). In ogni caso scoprì che dopo l'educazione linguistica apparivano solo progressi minimi: solo il dieci per cento dei bambini cioè passava da un sottostadio all'altro. È una percentuale così bassa che porta a chiedersi se i bambini che avevano proceduto da un sottostadio a quello immediatamente superiore non fossero già in una fase intermedia, alla soglia cioè del sottostadio successivo. La conclusione della Sinclair, sulla scorta di questi esperimenti, è che le operazioni intellettuali sembrano dare origine al progresso linguistico, non viceversa.

Vorrei ora procedere a esaminare quel tipo di pensiero di cui i bambini sono capaci nello stadio che io chiamo preoperazionale, cioè a quattro, cinque, sei anni, prima dello sviluppo delle operazioni logiche. Sebbene in questo stadio non siano ancora pienamente sviluppate le strutture logiche, possiamo tuttavia trovarvi ciò che una volta chiamai «intuizioni articolate», ma ora, dopo una più approfondita ricerca, vorrei chiamare, molto letteralmente, «semilogiche». Il pensiero dei bambini di questa età è caratterizzato infatti dalla presenza di una mezza logica: da operazioni cui manca la reversibilità, che sono cioè effettuate in una sola direzione. Questa logica consiste di funzioni descritte dai matematici come: $y = f(x)$. Una funzione in questo senso rappresenta una coppia ordinata ovvero una applicazione che si muove però sempre in una direzione. Questo tipo di pensiero conduce alla scoperta delle relazioni dipendenti e delle covariazioni; della correlazione cioè delle variazioni di un oggetto con le variazioni di un altro oggetto.

La cosa notevole a proposito di queste funzioni è che esse non portano alla conservazione. Facciamo un esempio: un pezzo di spago, attaccato ad una piccola molla, gira orizzontalmente attorno a un perno e scende verticalmente. Se mettiamo un peso, o aumentiamo quello che già c'è, ad una estremità dello spago, lo spago viene tirato in modo che la parte che pende verticalmente diventa più lunga di quella orizzontale. Bambini di cinque anni sono perfettamente in grado di capire che con un peso maggiore la parte verticale è più lunga e quella orizzontale più corta e perciò che quando la parte verticale diventa più corta quella orizzontale diventa più lunga. Non per questo però questi bambini diventano conservazionisti. Per loro infatti la somma delle due parti — l'orizzontale e la verticale — non rimane la stessa. C'è un altro esempio di una funzione intesa nel senso di una applicazione. Viene dato ai bambini un certo numero di cartoncini in ciascuno dei quali c'è una parte bianca e una parte rossa e dei ritagli di forme diverse. Il loro compito consiste nel trovare il ritaglio che copra la parte rossa del cartoncino. Non è necessaria l'esatta corrispondenza della forma, basta che il ritaglio copra completamente la parte rossa del cartoncino. La cosa interessante è che questi bambini capiscono la relazione molti-a-uno, capiscono cioè che un certo numero di ritagli di forme diverse può coprire la parte rossa del cartoncino. Tuttavia essi non vanno oltre, non giungono cioè a costruire un sistema classificatorio basato sulla relazione uno-a-molti. Ancora una volta ci troviamo di fronte al caso di una struttura semilogica.

Più generalmente, la ragione per cui le funzioni sono così interessanti è che esse ci mostrano con chiarezza l'importanza delle relazioni di ordine nel pensiero preoperazionale. Molte relazioni che per noi sono metriche per i bambini sono semplicemente ordinali: la misurazione non fa parte del loro sistema di valutazione. Una buona illustrazione di ciò si trova nella idea di conservazione della lunghezza. Se prendiamo in considerazione due bastoncini della stessa lunghezza, noi ci rendiamo conto che essi sono della stessa lunghezza sia quando sono esattamente affiancati sia quando non lo sono, poiché prendiamo in considerazione ambedue le estremità dei bastoncini e ci rendiamo conto che la cosa importante in ogni caso è la distanza tra di esse. I bambini nello stadio preoperazionale, invece, non basano la loro valutazione sui punti terminali. Se guardano una estremità del bastoncino la loro valutazione circa la sua lunghezza si basa su quanto il bastoncino sporge nella direzione che stanno prendendo in considerazione.

Un'altra caratteristica della semilogica è la nozione d'identità, che precede la nozione di conservazione. Abbiamo già visto che c'è una certa nozione di identità già nel periodo della intelligenza senso-motoria: un bambino realizza che un oggetto ha un certo grado di permanenza. Non si tratta di idea di conservazione nel senso in cui abbiamo già usato questo termine, dal momento che l'oggetto non cambia in nessun modo la sua forma ma solo la sua posizione. Si tratta di identità. Uno dei punti di partenza per la nozione di conservazione si formerà in seguito. Nei nostri studi sulla nozione di identità nel pensiero preoperazionale dall'età di circa quattro anni, abbiamo scoperto che essa è grandemente variabile. Il significato della preservazione dell'identità cambia a seconda dell'età del bambino e a seconda della situazione nella quale il problema si presenta. La prima cosa da prendere in considerazione è che quella di identità è una nozione qualitativa, non quantitativa. Per esempio, un bambino dello stadio preoperazionale che sostiene che la quantità di acqua cambia a seconda della forma del suo recipiente, affermerà tuttavia che si tratta sempre della stessa acqua — è cambiata solo la quantità. Il mio collega Jerome Bruner pensa che la nozione di principio di identità è sufficiente come fondamento della nozione di conservazione, ma io trovo discutibile la sua affermazione. Per possedere il principio di identità si ha solo bisogno di distinguere tra ciò che cambia, in una data trasformazione, e ciò che non cambia. Nel caso del liquido che si versa, i bambini devono solo fare una distinzione tra la forma e la sostanza, mentre nella nozione di conservazione è richiesto molto di più. La quantificazione è abbastanza più complessa, soprattutto dal momento che le più primitive nozioni quantitative sono quelle ordinali le quali non sono adeguate per tutti i casi di comparazione quantitativa. Fino a che i bambini non hanno sviluppato anche l'operazione di compensazione e di reversibilità, la nozione di conservazione della quantità non si stabilisce. A questo punto vorrei procedere a nuove esemplificazioni di come la nozione di identità cambia con lo sviluppo. Abbiamo compiuto vari esperimenti e abbiamo scoperto un primo livello in cui la nozione di identità è semi-individuale e semi-generica. Un bambino cioè riterrà che sono identici quegli oggetti con i quali si possono fare le stesse cose. Ad esempio, un insieme di perline poste su di un tavolo vien riconosciuto essere la stessa cosa di una collana di perline, perché si possono prendere una per una, metterle una sull'altra fino a formare con esse una fila, infilarle in uno spago per farne una collana. Allo stesso modo, un pezzo di filo a forma di arco è riconosciuto come lo stesso filo quando è posto rettilineamente perché può essere piegato ad arco e steso rettilineamente. Più tardi il bambino diventa un po' più esigente nel suo criterio di identità. Non gli è più sufficiente che l'oggetto possa essere assimilato ad un certo schema: l'identità diventa più individualizzata. A questo stadio il bambino dirà che il filo a forma di arco non è più lo stesso filo rettilineo, perché esso non ha più la stessa forma. Un interessante esperimento illustrante quanto abbiamo sopra detto, scaturì da un esperimento precedente. Alcuni bambini stavano ponendo dei quadrati in ordine di grandezza e, nel corso di questa attività, un bambino mise un quadrato dalla parte dell'angolo invece che dalla parte del lato, dopo di che lo rifiutò dicendo che quello non era più un quadrato. Noi allora demmo inizio ad un altro esperimento nel quale studiammo più attentamente questo fatto, presentando ai bambini un ritaglio quadrato in diverse posizioni e ponendo loro domande del tipo: È lo stesso quadrato? È ancora un quadrato? È lo stesso pezzo di cartone? I lati sono sempre della stessa lunghezza? Le diagonali sono sempre della stessa lunghezza? Naturalmente le domande furono poste in termini che avessero senso per i bambini che stavamo intervistando. Scoprimmo che fino all'età di circa sette anni i bambini negavano l'identità. Essi insistevano che non si trattava più dello stesso quadrato, che non era più affatto un quadrato, che i lati non erano più della stessa lunghezza, ecc.

Esperimenti simili sono possibili anche nell'area della percezione. È familiare a tutti il fenomeno del moto apparente o stroboscopico. Un oggetto appare e scompare. Nel momento in cui scompare, ne appare un altro, e nel momento in cui il secondo oggetto scompare, appare di nuovo il primo. Se ciò è fatto alla velocità giusta sembra che sia lo stesso oggetto a muoversi avanti e indietro tra due posizioni. Mi è parso interessante studiare il fenomeno dell'identità attraverso il fenomeno del moto stroboscopico, prendendo per oggetti un cerchio e un quadrato in modo che, quando un oggetto apparentemente si muoveva verso un punto, sembrava divenire un cerchio e quando invece si muoveva verso l'altro punto, senbrava divenire un quadrato. Sembrava che un unico oggetto mutasse forma mutando posizione. Ho potuto rendermi conto che per un bambino è molto più facile che per un adulto vedere questo movimento apparente. Ma la cosa interessante nel nostro esperimento è che, malgrado la loro facilità nel vedere il moto stroboscopico, i bambini tendono a negare l'identità dell'oggetto. Essi diranno che si tratta di un cerchio fino a quando non arriva all'altra posizione e poi diventa un quadrato; oppure non è più lo stesso oggetto: un oggetto prende cioè il posto dell'altro. Gli adulti, d'altra parte, vedono un cerchio che diventa un quadrato e un quadrato che diventa un cerchio. Lo trovano strano, ma nonostante ciò, questo è ciò che vedono. È lo stesso oggetto che cambia forma. Secondo questi esperimenti, allora, la nozione di identità si accresce con l'età. Questo è solo uno dei molti esperimenti attraverso i quali siamo giunti a risultati simili. Un ultimo esperimento che desidero ricordare è stato fatto da Voyat e riguarda la crescita delle piante. Voyat iniziò il suo esperimento con una pianta di fagioli; ma dal momento che osservarne la crescita naturale avrebbe richiesto molto tempo, adattò una soluzione chimica che in pochi minuti cresce in forma di arborescenza e che è qualcosa di simile ad un'alga. Mentre il bambino osserva la crescita di questa pianta, gli viene di tanto in tanto richiesto di disegnarla; poi, con i suoi disegni come pro-memoria, gli si chiede se, ai vari stadi di crescita, la pianta era sempre la stessa. Usiamo qualsivoglia termine — pianta, alga, maccherone, ecc. — abbia già usato il bambino riferendosi ad essa. Poi chiediamo al bambino di disegnare se stesso quando era piccolo, quando era un po' più grande, quando era ancora un po' più grande e poi se stesso come è adesso. Gli poniamo infine la stessa domanda. Cioè se tutti quei disegni raffigurano la stessa persona. Se ognuno di quei disegni cioè raffigura sempre lui. Ad una età relativamente giovane, il bambino negherà che nei suoi vari disegni sia rappresentata sempre la stessa pianta. Riferendosi ai disegni che raffigurano se stesso, tuttavia, egli molto probabilmente dirà che è la stessa persona. Se noi ritorniamo più tardi ai disegni della pianta, alcuni bambini saranno influenzati dalle loro idee sui disegni che li raffigurano e diranno che hanno ora capito trattarsi della stessa pianta. Ma altri continueranno a negare che si tratta della stessa pianta affermando che è troppo cambiata e che adesso è una pianta diversa. Ecco quindi un divertente esperimento il quale dimostra come l'idea di cambiamento, che si fa strada nel pensiero logico dei bambini man mano che essi crescono, riguarda la stessa nozione di identità. Anche la nozione di identità muta, in questo campo di continue trasformazioni e cambiamenti.

JEAN PIAGET: L'UOMO E LE SUE IDEE

PARTE PRIMA

REAZIONI ALLA PSICOANALISI E ALTRI CONCETTI BASILARI E OPINIONI PSICOLOGICHE

Incontro con Freud. L'Inconscio. Lo sviluppo psicosessuale; lo sviluppo psicosociale secondo Erikson. Modelli omeostatici e motivazione. Teoria dell'apprendimento. La percezione. La Psicologia della Gestalt.

In questa sezione mi sono proposto di conoscere l'opinione di Piaget intorno ad alcuni concetti fondamentali che compaiono spesso nelle nostre opere introduttive alla psicologia. Piaget espone le sue idee a proposito delle concezioni freudiane di Inconscio e di sviluppo psicosessuale. Espone anche le sue opinioni sulle idee di Erik Erikson a proposito dello sviluppo psicosociale e dell'importanza d'amare i bambini. Espone i suoi punti di vista concernenti il modello omeostatico tradizionale di motivazione (i bisogni creano tensione e la maggior parte dei comportamenti è volta a ridurla), la teoria dell'apprendimento, la percezione e la scuola psicologica della Gestalt.

Evans: Per iniziare il nostro dialogo, dott. Piaget, abbiamo sempre pensato che fosse abbastanza interessante raccogliere le reazioni dei nostri illustri intervistati alla teoria psicoanalitica. Sappiamo, naturalmente, che lei ha avuto contatti con molti aspetti del movimento psicoanalitico. Potrebbe iniziare col dirci qualcosa sui suoi contatti con alcuni dei leaders del movimento.

Piaget: Ho conosciuto Freud al Congresso di Psicoanalisi di Berlino nel 1922. A quel congresso io tenni una conferenza e ricordo l'angoscia che mi prese a dover parlare davanti a un pubblico tanto numeroso. Freud era seduto in poltrona alla mia destra e fumava il sigaro. Io parlavo ad un pubblico che non mi degnava nemmeno di uno sguardo. Guardava solo Freud per scoprire se ciò che veniva detto era da lui approvato o meno. Quando Freud sorrideva, tutti nella sala sorridevano; quando Freud si mostrava serio, tutti nella sala si mostravano seri. Ma questo è solo l'aspetto buffo della cosa. In realtà io ho imparato molto dalla psicoanalisi. Il suo punto di vista dinamico ha completamente rinnovato la psicologia, ma io ritengo che il futuro della psicoanalisi inizierà il giorno in cui essa diverrà sperimentale, come Rapaport e i suoi allievi, quali Wolfe stanno già facendo. Finché la psicoanalisi non sarà sperimentale e resterà semplicemente al livello di discussione di casi clinici, non è del tutto convincente, o meglio non lo è in tutti i suoi aspetti.

Evans: Cosa pensa del concetto freudiano di Inconscio?

Piaget: Penso che il concetto di Inconscio vada inteso in senso assolutamente generale; non deve essere limitato alla vita emotiva. In ogni area del funzionamento cognitivo, tutti i processi sono inconsci. Noi siamo consci del risultato, non del meccanismo. Quando acquisiamo la conoscenza dei nostri processi, cominciamo dalla periferia per arrivare al cuore del meccanismo, ma questo non avviene mai completamente. L'Inconscio emozionale è pertanto un caso speciale dell'inconscio in generale, cioè di tutto ciò che non può rendersi chiaramente esplicito a causa della assenza dell'astrazione riflessa, della concettualizzazione, ecc. L'Inconscio è tutto ciò che non è concettualizzato.

Evans: A questo proposito, la teoria freudiana riguardante lo sviluppo psicosessuale ha costituito una parte importante dell'intera teoria psicoanalitica. Come lei sa, Freud pensava che, nei primi cinque anni di vita, il bambino passa attraverso un certo numero di stadi, biologicamente determinati, ciascuno dei quali è destinato a far fronte alle varie aree della sessualità pregenitale e al soddisfacimento di essa. Egli riteneva che i modelli sviluppatisi durante i primi cinque anni di vita, quali la cosiddetta situazione edipica, avessero molta importanza come basi per ogni successiva relazione. Cosa pensa della teoria dello sviluppo psicosessuale postulata da Freud?

Piaget: Ci sono due problemi. Io non penso che gli stadi iniziali determinino tutto ciò che verrà dopo. Credo piuttosto che abbia ragione Erikson (Evans, 1969) quando sostiene che il passato determina il presente ma il presente agisce sulla nostra interpretazione del passato, di modo che il passato è sempre interpretato nei termini della situazione presente. Vi è cioè una interazione tra il presente e il passato. Per ciò che riguarda gli stadi freudiani, quel che non convince è che essi sono essenzialmente determinati da una caratteristica predominante. Lo stadio non ha una struttura totale, semplicemente ha una caratteristica dominante. È ovvio che è sempre un fatto piuttosto soggettivo decidere se una caratteristica è o no dominante. Una studiosa canadese, la Govin Décarie (1965) ha fatto uno studio particolare sui rapporti tra gli stadi freudiani e gli stadi cognitivi. Ella ha preso in esame i miei esperimenti sullo sviluppo della nozione di permanenza dell'oggetto negli infanti e ha tentato di porli in relazione con la nozione freudiana di relazione d'oggetto. Sicuramente c'è tra le due nozioni un rapporto chiaro e lei è stata in grado di mostrarlo. Ma il punto di maggiore interesse in questo studio è che la Govin Décarie è stata in grado di distinguere, nei miei stadi di sviluppo della nozione di permanenza dell'oggetto, dieci gradi, verificandoli in ciascuno dei novanta infanti studiati; mentre nei gradi individuati a proposito degli stadi freudiani non ha riscontrato la stessa costante: tra i novanta infanti studiati c'erano differenze nell'ordine in cui questi gradi si presentavano. Ciò indica che la nozione di caratteristica predominante non è ancora sufficientemente precisa. La psicoanalisi in generale deve diventare più sperimentale. Se è soltanto una scuola in cui ognuno crede in ciò che l'altro dice, ebbene, la verità che si acquisisce in questo modo è pericolosa.

Evans: Ha appena parlato della nozione di permanenza dell'oggetto. Potrebbe approfondire maggiormente il significato di questo concetto?

Piaget: Si tratta dell'idea che, anche al di fuori del campo percettivo del bambino, l'oggetto continua ad esistere. Durante i primissimi mesi di vita, se l'oggetto lascia il suo campo percettivo, l'infante non sembra assolutamente cercarlo. Anche se l'oggetto è a portata di mano del bambino e si pone uno schermo tra l'oggetto e il bambino, questi ritira le mani come se l'oggetto non esistesse più. Con il termine permanenza dell'oggetto, io intendo semplicemente che l'oggetto continua ad esistere anche quando esso abbia abbandonato il campo percettivo.

Evans: Tornando alla teoria freudiana, anche Erikson cercò di trovare un parallelismo tra lo sviluppo *psicosessuale* secondo Freud e un processo di sviluppo *psicosociale,* ritenendo che così come si hanno una serie di sviluppi biologici, si abbiano nell'individuo anche alcuni importantissimi sviluppi psicosociali, i quali hanno a che vedere con lo sviluppo dei valori, con il carattere e con la personalità.

Piaget: Sono convinto che questo sia fondamentale. È impossibile dissociare gli aspetti biologici e gli aspetti sociali quando si tratta dello sviluppo psicologico. Un fenomeno è sempre, all'origine, biologico, e sociale al punto finale. Non si deve peraltro dimenticare che tra i due momenti si pone il mentale.

Evans: Uno dei derivati più importanti della teoria psicoanalitica oggi sembra essere l'importanza dell'amore. Abbiamo le opere di Bowlby (1969), di Spitz (1965) e di altri che dimostrano come a causa della mancanza di amore, la cui presenza è ritenuta fondamentale nel primo sviluppo del bambino, questi potrà subire un reale deterioramento psicologico. Lei ritiene che evidenziare questo grande bisogno di amore da parte del bambino sia importante nello sviluppo degli studi?

Piaget: Non ho alcuna idea sull'amore, ma non v'è dubbio che l'affettività sia un fattore centrale. L'affettività è il motore di ogni condotta, ma non modifica la struttura conoscitiva.

Prendiamo come esempio due scolari, uno che ama la matematica, prova interesse ed entusiasmo e qualunque altra cosa si voglia, e un altro che ha un senso di inferiorità, detesta l'insegnante, e così via. Uno apprenderà più in fretta dell'altro, ma per entrambi, alla fine, due più due fa quattro. Non è che faccia tre per quello a cui non piace la matematica e cinque per quello a cui piace. Due più due fa sempre quattro.

Evans: Come giudica il modello omeostatico di motivazione, che si trova di frequente nella psicoanalisi e che è riportato in molti dei testi introduttivi alla psicologia negli Stati Uniti? Questo modello, preso a prestito dalla fisiologia, raffigura l'organismo come un continuo processo di risposte ai bisogni che creano tensioni e «domandano» d'essere ridotti.

Piaget: Penso che si tratti di un modello basilare, e non si trova solo nella psicoanalisi e nella psicologia americana. Per esempio, Pierre Janet ha una teoria dell'affettività, argomento di cui tutti conosciamo poco, nella quale parla di regole che si instaurano tra quelli che egli chiama sentimenti elementari. Non parla qui dei sentimenti che governano il comportamento tra individui, ma di sentimenti elementari come lo sforzo, la fatica, la gioia del successo, la tristezza del fallimento, ecc. Nella sua teoria tutti questi sentimenti sono regolazioni e l'omeostasi è basilare. Anche nel campo della conoscenza, l'omeostasi è un modello basilare. Nello sviluppo cognitivo, ogni progresso è il risultato di un'autoregolazione. Inoltre, penso che la nozione di omeostasi, che caratterizza lo stadio finale, vada completata dalla nozione di omeoresi di Waddington, cioè dalla nozione di equilibrio dinamico che caratterizza la via dello sviluppo. Quando c'è deviazione da questa via, intervengono le autoregolazioni perché lo sviluppo sia reinstradato.

Evans: Un altro aspetto importante del nostro orientamento attuale in psicologia, che si ricollega con il problema delle modificazioni comportamentali, è l'apprendimento. Come lei sa, le teorie dell'apprendimento vanno in molte direzioni. Tra queste ci sono le teorie dell'apprendimento cognitivo come quella di Tolman (1932), che mise in evidenza il ruolo dell'organizzazione dell'esperienza nell'apprendimento. D'altra parte ci sono modelli di apprendimento orientati fondamentalmente sul comportamento. Questo tipo di approccio è attualmente illustrato da Skinner (1968) e, in precedenza, fu assai significativamente rispecchiato nell'opera di Clark Hull

(1943). Verso quale di questi due orientamenti generali relativi all'apprendimento, cognitivo e comportamentale, lei tende maggiormente? Verso il modello cognitivo di Tolman o verso i modelli comportamentali di Skinner? Inoltre come metterebbe in relazione apprendimento e sviluppo?

Piaget: Senza dubbio io mi sento più vicino a Tolman, con i suoi significativi indici. Mi sembra che ci siano due punti centrali nel problema dell'apprendimento in relazione allo sviluppo. Il primo è se lo sviluppo consista semplicemente in una serie di apprendimenti o se l'apprendimento dipenda da quella che gli embriologi chiamano competenza e che consiste nella possibilità dell'organismo. Cioè la cosa fondamentale è l'apprendimento o lo sviluppo? Ebbene, questo è il problema che B. Inhelder sta attualmente studiando e io penso che abbiamo già tutte le prove che lo sviluppo è più importante dell'apprendimento. La stessa situazione di apprendimento ha effetti diversi a seconda dello stadio di sviluppo del soggetto.

Il secondo punto è questo: l'apprendimento è semplicemente un fatto di associazioni che sono confermate da rinforzi esterni? I rinforzi esterni naturalmente esercitano un ruolo, ma non sono tutto. Anche i rinforzi interni esercitano il loro ruolo. Tutti i modelli omeostatici e autoregolatori di cui parlavamo poco fa dimostrano che non è sufficiente il rinforzo esterno.

Evans: Un altro tema intorno al quale ruotano i corsi introduttivi alla psicologia è il problema della percezione. Quale approccio al problema della percezione è più compatibile con i suoi punti di vista?

Piaget: Ciò che noi vogliamo mettere in rilievo è la distinzione tra percezione come risultante, o totalità stabilizzata, e attività percettiva. Attività percettive sono i nostri sforzi attivi per esplorare una figura o i rapporti tra figure. Un'attività percettiva di questo tipo ha molto in comune con l'intelligenza: si mettono in gioco meccanismi simili[1]. Ad esempio ci sono meccanismi comuni alle costanti percettive da una parte e dall'altra alle conservazioni operazionali o applicazioni più alte di ragionamento. Anche se queste ultime appaiono

[1] Sebbene Piaget usi spesso nelle sue opere la frase «conservazioni operazionali», intende probabilmente riferirsi ad un ordine mentale superiore, che ha la proprietà di restare strutturalmente invariato anche attraverso trasformazioni simboliche.

sette o otto anni più tardi. Un problema è tentare di capire quale sia il meccanismo che hanno in comune; ma noi vogliamo anche riuscire a capire perché lo stesso meccanismo entra in gioco nel caso dell'intelligenza più tardi che nel caso della percezione.

Evans: Soffermandoci ancora un momento sull'argomento della percezione, dott. Piaget una cosa che, naturalmente, sarebbe di grande interesse sapere è se lei ha avuto contatti con qualcuno dei grandi sostenitori della scuola psicologica della Gestalt [2].

Piaget: Certamente. Ho conosciuto Kôhler, Wertheimer e altri e sono stato fortemente influenzato dalla teoria della Gestalt. Penso che l'idea di studiare le totalità fosse fondamentale. Ma in realtà ritengo che vi sono tre possibili punti di vista e non due. C'è l'approccio atomistico che parte da sensazioni indipendenti e procede a costruire associazioni tra queste sensazioni. Gli psicologi della Gestalt hanno distrutto questo punto di vista. C'è poi un secondo punto di vista, quello per l'appunto degli psicologi della Gestalt, che parte dalla totalità ma che spiega questa totalità solo con se stessa. Questo fatto lascia aperti una serie di problemi. Il terzo possibile punto di vista, mi sembra possa consistere nel concepire le totalità prendendo in esame le relazioni. Cioè una totalità composta non di elementi ma di relazioni. Gli elementi non sono mai percepiti da soli, essi sono sempre percepiti in relazione. Queste relazioni possono essere studiate e possiamo scoprire così le leggi della composizione tra elementi e relazioni, le quali generano totalità già belle e fatte come la buona forma. Penso che gli psicologi della Gestalt siano stati troppo influenzati dalla nozione di campo, propria della fisica, in particolare della elettromagnetica. Credo invece che noi dobbiamo sostituirvi la nozione di un equilibrio autoregolatore, come quello di cui abbiamo trattato poco fa, e per fare questo dobbiamo pensare in termini di totalità relazionale e non soltanto in termini di totalità globale con una forma fissa.

[2] La scuola psicologica della Gestalt pone l'accento sulla natura olistica della percezione che «l'insieme è più grande della somma delle sue parti» e tratta inoltre delle tendenze organizzative della percezione.

PARTE SECONDA

STADI DELLO SVILUPPO COGNITIVO

Modello generale di sviluppo. Periodo senso-motorio. Consapevolezza di sé come soggetto e oggetto. Imitazione. Periodo preoperazionale (conservazione). Periodo delle operazioni concrete. Periodo delle operazioni formali.

In questa sezione Piaget delinea gli stadi dello sviluppo cognitivo dall'inizio del periodo senso-motorio (fino ai due anni) al periodo preoperazionale (dai due ai sette anni), al periodo delle operazioni concrete (dai sette agli undici anni), fino al periodo delle operazioni formali (dagli undici ai quindici anni). Di particolare interesse sono le considerazioni di Piaget sulle nozioni di imitazione e di consapevolezza di sé e la sua individuazione di classi diverse nello sviluppo per stadi del bambino.

Evans: Penso che sarebbe interessante passare ora ad analizzare un argomento al quale si è dedicato solo lei, dott. Piaget, e cioè il suo modello di sviluppo. Se ho ben capito, lei ritiene che il processo conoscitivo inizi a prodursi prima che il bambino acquisisca il linguaggio; non è quindi esatto farne coincidere gli inizi con la comparsa del linguaggio. Lei chiama questo stadio prelinguistico periodo senso-motorio[1]. È giusto?

Piaget: Sì, è giusto. Il periodo senso-motorio è importantissimo nello sviluppo perché è proprio durante questo periodo, dalla nascita fino alla metà circa del secondo anno, che avvengono i mutamenti più importanti e più rapidi. Alla nascita ci sono solo azioni isolate quali la suzione, il toccare per caso le cose, l'ascoltare, ecc. E inoltre ogni cosa è dall'infante accentrata sul proprio corpo. Per esso gli oggetti in sé non esistono. Egli non è affatto consapevole di se stesso come soggetto, secondo quanto, parecchio tempo fa, ha dimostrato Baldwin (1955). Ma durante il primo anno e mezzo di vita del bambino avviene una rivoluzione copernicana, nel senso che il corpo del bambino cessa di essere il centro e diviene un oggetto tra gli altri oggetti e gli stessi oggetti sono in rapporto tra loro, per mezzo di relazioni causali o spaziali, in uno spazio coerente che li ingloba tutti. Questi cambiamenti fondamentali avvengono prima della comparsa del linguaggio, il che dimostra che la conoscenza dell'estensione è legata alle azioni e non soltanto alla verbalizzazione.

Evans: Si possono osservare nell'infante alcuni progressi specifici dall'inizio alla fine di questo periodo? Può darci qualche esempio preciso che illustri tutti i sottostadi del periodo senso-motorio?

[1] Il periodo senso-motorio è il primo stadio del modello piagettiano di sviluppo e comprende il periodo che va dalla nascita all'inizio del pensiero simbolico.

Piaget: Sarebbe una cosa lunga e ci porterebbe via molto tempo, perché ci sono sei sottostadi. Tuttavia, come esempio, consideriamo un tipo di comportamento che è uno dei primi chiari esempi di intelligenza senso-motoria. Un bambino vuole un oggetto che è fuori della sua portata, ma che sta su di una coperta. Egli tira allora verso di sé l'oggetto tirando verso di sé la coperta. Ciò di per sé può apparire piuttosto semplice ma implica molte relazioni e noi possiamo seguire la progressiva costruzione di ciascuna di queste relazioni. Per esempio, la relazione «stare sopra». Questa relazione non è affatto ovvia per un bambino e, per portare a termine un comportamento più complicato, il bambino deve prima costruire quella relazione. Un'altra relazione qui implicata è quella di spostare l'oggetto distante da un posto all'altro. Anche l'idea che sia possibile spostare un oggetto di una certa consistenza da un posto all'altro, deve essere costruita dal bambino. Poi c'è il problema di coordinare tra loro queste due relazioni usando la coperta non proprio come uno strumento ma come un intermediario tra lo stesso bambino e l'oggetto distante. Questo è un esempio di un atto di intelligenza senso-motoria in cui possiamo seguire tutti i gradi implicati nella costruzione delle varie relazioni.

Evans: Sì, in questo modo il bambino compirà un processo di scoperta. È la parola esatta da usare a questo proposito?

Piaget: Scoperta non è abbastanza. Abbiamo a che fare qui con la costruzione di nuove relazioni. La relazione «stare sopra» e la relazione «tirare più vicino per mezzo di un intermediario» si basano su tutta una serie di azioni, movimenti da parte a parte, manipolazioni. Io non le chiamerei scoperte. Esse sono vere e proprie invenzioni, perché sono nuove costruzioni.

Evans: Uno degli aspetti più delicati del periodo senso-motorio, che rende così difficile la sua comprensione, è il fatto che noi siamo troppo abituati a pensare al linguaggio come mezzo di comprensione. Qui, dott. Piaget, lei sta postulando che esiste la comprensione senza il linguaggio. Poiché noi usiamo il linguaggio per comunicare, è piuttosto difficile realizzare quale possa essere la comprensione senza di esso. È possibile descrivere in un altro modo come questo possa avvenire?

Piaget: Diciamo che quando non c'è linguaggio non c'è concetto, nel senso di un nome per una serie di oggetti.

Ma ci sono già quelli che io chiamo «schemi», i quali sono un altro tipo di strumento generalizzante. Lo schema rappresenta ciò che v'è di comune tra molte azioni differenti e analoghe. Ad esempio, nel caso di cui abbiamo parlato poc'anzi, una volta costruita la relazione «tirare più vicino per mezzo di un oggetto che serve da intermediario», questa può essere generalizzata in un'altra situazione dove un oggetto differente può stare su un diverso supporto. C'è una generalizzazione in atto; questo è uno schema[2]. La coordinazione tra schemi è l'equivalente, in forma semplice, della coordinazione di concetti che noi facciamo per mezzo del linguaggio. Gli schemi non necessitano del linguaggio perché lo schema è designato da indici percettivi — «stare sopra», «distanza», ecc. Non c'è, quindi, alcun pensiero interiorizzato nella coordinazione degli schemi. Gli schemi sono strumenti di azione, ma sono strumenti generalizzanti e possiamo dunque ritenerli concetti pratici. La maggiore differenza è che i concetti designano molte cose nello stesso tempo mentre uno schema è quel che v'è di comune fra molte diverse azioni portate avanti in tempi diversi; ma uno schema lega tra di loro le azioni proprio come un concetto lega tra di loro le cose.

Evans: Trattando dei sei sottostadi, lei sottolinea che il bambino comincia con una concezione del mondo assai limitata e procede gradualmente verso concezioni via via più complesse. Verso la fine il bambino comincia ad avere un concetto di sé. Ponendo in relazione l'oggetto con lo schema, rispetto al sé del bambino, come possiamo dimostrare queste interrelazioni? In altre parole, come può porre in relazione soggetto e oggetto e, tra essi, lo schema?

Piaget: All'inizio del periodo senso-motorio non c'è soggetto. C'è una completa assenza di quella differenziazione che Baldwin (1955) chiamò dualismo tra soggetto e oggetto. Gradualmente le azioni del soggetto si differenziano, si diversificano e si coordinano tra loro. Al momento in cui sono coordinate, le relazioni tra oggetti diventano specializzate, le relazioni causali tra gli oggetti vengono riconosciute come indipendenti dalle azioni stesse del soggetto e il mondo esterno assume un certo ordine. Lo schema è lo strumento fondamentale di questa coordinazione che dà origine alla costruzione a

[2] Il concetto di schema è usato in senso assai ampio per indicare modelli organizzati di comportamento.

due facce con il soggetto da una parte e gli oggetti permanenti dall'altra. Finché non c'è nessun soggetto, cioè finché il bambino non riconosce se stesso all'origine della sua azione, non riconoscerà neanche la permanenza di oggetti diversi da sé. Alla fine della evoluzione senso-motoria, ci sono gli oggetti permanenti che costituiscono un universo entro il quale esiste anche il corpo stesso del bambino. La relazione tra i due è un coordinamento progressivo.

Evans: George Herbert Mead (1932), per esempio, vede l'inizio individuale come «me», come un oggetto con il quale la madre si pone in contatto con frasi del tipo «sei cattivo!» «sei buono!», ecc. Ma finalmente il bambino inizia ad affermare se stesso. Cioè diviene «io». Alla fine c'è l'integrazione dell'«io» e del «me» nel «se stesso». Ovviamente, dott. Piaget, lei non userebbe la stessa analisi e gli stessi termini di Mead?

Piaget: Non vedo l'analogia, perché tutto questo non c'è all'inizio, deve essere costruito. Neppure gli oggetti ci sono all'inizio; anche loro debbono essere costruiti. All'inizio c'è l'io che non conosce se stesso; ci sono oggetti che non sono permanenti e ci sono le interazioni tra questi due poli. La conoscenza non comincia nell'io e non comincia nell'oggetto: comincia nella interazione. Finché queste interazioni tra soggetto e oggetto avvengono come azioni isolate, non coordinate, non ci sono né oggetti né soggetti. Al momento in cui queste interazioni danno origine alla coordinazione, allora c'è la reciproca, simultanea costruzione di soggetto da una parte e di oggetto dall'altra.

Evans: Potrebbe esporre ulteriormente i suoi punti di vista sullo sviluppo della consapevolezza di sé?

Piaget: Baldwin (1955) ha mostrato che all'inizio il neonato non ha alcuna consapevolezza di sé come soggetto: egli deve costruire se stesso come soggetto. Dal canto mio, ho saputo dimostrare che per lungo tempo il neonato non ha neanche la nozione di permanenza dell'oggetto. Le situazioni costituiscono la sua consapevolezza; esse sono le interazioni tra soggetto e oggetto ma non sono parte né del soggetto né dell'oggetto. Non si fa nessuna distinzione tra ciò che è soggetto e ciò che è oggetto. Lo sviluppo della consapevolezza di sé come soggetto che agisce da un lato, e dall'altro del mondo degli oggetti indipendenti da sé, in relazione gli uni con gli altri per mezzo di relazioni spaziali o causali, si presenta insieme nello stesso tempo, quando il bambino coordina sempre di più le sue azioni. Il bambino non può diventare consapevole di sé senza nello stesso tempo diventare consapevole della indipendenza degli oggetti intorno a lui e viceversa. Questa è la coordinazione.

Evans: Come lei sa il concetto di imitazione nella prima infanzia ha avuto un interesse crescente nella psicologia americana da parte degli studiosi dell'apprendimento sociale (cfr. Bandura e Walters, 1963). Secondo lei l'imitazione ha luogo anche nel periodo senso-motorio?

Piaget: Sì, certo. Uno schema, nel senso in cui stavamo parlando prima, è soprattutto uno strumento di assimilazione[3], non di imitazione. Un oggetto è assimilato in una possibile azione, ma nello stesso tempo l'azione deve essere adattata alle particolari caratteristiche dell'oggetto o alla situazione del momento. A volte questo adattamento avviene precedentemente all'assimilazione e diviene fine a se stesso. Al momento in cui accade ciò, noi possiamo parlare di imitazione. C'è un rapporto molto stretto tra lo sviluppo dell'imitazione e lo sviluppo dell'intelligenza in generale, perché l'imitazione dipende dagli schemi, i quali sono, naturalmente, l'intelligenza senso-motoria in atto. Ma l'imitazione diventa una funzione separata al momento in cui queste azioni vengono portate avanti nell'interesse dell'adattamento.

Evans: Il termine «reazione circolare»[4] è ovviamente collegato anche con questo punto. Vuole spiegarci quale significato ascrive a questa espressione?

Piaget: Una reazione circolare è una assimilazione riproduttiva. Si tratta del meccanismo mediante il quale si sviluppa uno schema. Il bambino produce una azione, è interessato al risultato e ripete ancora la stessa azione. Questa ripetizione è ciò che Baldwin (1955) chiama reazione circolare. Questa ripetizione è ciò che genera lo schema.

Evans: Alcuni dei primi teorici dell'apprendimento per associazione quali E.L. Thorndike (1898) hanno usato per lo schema l'espressione «stamped in» (= impresso). È esatta?

Piaget: No, è attraverso la reazione circolare che lo schema viene costruito.

[3] L'assimilazione implica l'incorporazione di un nuovo evento o oggetto stimolatore in una struttura cognitiva già esistente. Il suo complemento, l'accomodamento, si riferisce alla tendenza ad adattare una organizzazione già esistente ad un nuovo oggetto o evento stimolatore.

[4] Il termine «reazione circolare» è spesso usato, nelle opere sullo sviluppo del bambino, per indicare quelle azioni ripetitive che l'infante compie fino a che il comportamento non sia o estinto o rafforzato e stabilito (impresso) come risultato di rafforzamenti interni o esterni.

Evans: Se capisco bene, allora lei non sta negando l'importanza dello «stamping in», ma è più interessato alla costruzione dello schema che ha luogo attraverso la ripetizione e precede lo «stamping in».

Piaget: Sì, ciò che lei dice è abbastanza giusto. Ovviamente lo «stamping in» c'è. Questo è talmente ovvio che non è necessario parlarne. È una condizione necessaria ma non del tutto sufficiente. Anzi, è del tutto insufficiente, perché in ogni caso c'è sempre la costruzione.

Evans: Partendo dal periodo senso-motorio, che è uno stadio prelinguistico, lei situa l'inizio del periodo preoperazionale all'età di circa due anni e ritiene che questo periodo giunga fino ai sette anni circa. Vorrebbe dircene qualcosa?

Piaget: Il periodo che va dai due ai sette anni circa è caratterizzato da due cose. Primo, l'apparire della funzione semiotica, cioè della funzione simbolica o rappresentativa. Essa naturalmente include il linguaggio, ma non solo il linguaggio. Include l'immaginazione mentale, l'imitazione differita, il disegno, nessuna delle quali era presente prima di questa età. La funzione semiotica è dovuta all'interiorizzazione dell'imitazione. Ne risulta il fatto importante che il bambino è adesso in grado di rappresentare a se stesso un oggetto assente. Questa capacità consente lo sviluppo di un nuovo livello di intelligenza: l'intelligenza nella rappresentazione e nel pensiero. L'intelligenza non è più limitata all'azione ma, a questo nuovo livello, il bambino deve ricostruire tutto ciò che ha acquisito a livello delle azioni, deve ricostruire in termini concettuali tutto ciò che poco prima aveva costruito in termine di schemi. Questo intero periodo, poi, è una preparazione per la costruzione delle operazioni concrete. Poiché la ricostruzione di ciò che era stato acquisito al livello senso-motorio occupa molto tempo, il periodo delle operazioni concrete non appare, immediatamente, al momento stesso dell'apparire della funzione semiotica. Tutto, a questo livello, deve essere, nuovamente, costruito. Nel periodo senso-motorio le azioni prendono posto nello spazio e nel tempo presente; mentre, con l'apparire della funzione semiotica, le azioni possono essere proiettate nel futuro.

Evans: Vorrebbe esporre le sue idee sul periodo preoperazionale?

Piaget: Prima di tutto c'è l'apparire della funzione semiotica, che è una differenziazione della imitazione interiorizzata e che permette rappresentazione e pensiero. In secondo luogo, poiché c'è adesso un nuovo piano — cioè in luogo degli schemi, unici strumenti generalizzanti, c'è anche la concettualizzazione —, tutto quello che è stato fatto sul piano senso-motorio deve essere ricostruito su questo nuovo piano. In terzo luogo, sul piano senso-motorio, il bambino è in rapporto solo con lo spazio che immediatamente lo circonda e col tempo presente, mentre adesso ha la possibilità di rappresentare a se stesso e di pensare oggetti che sono lontani nello spazio ed eventi del passato o del futuro. Questo, inoltre, presuppone una ricostruzione; ciò richiede un adattamento al nuovo più ampio campo. Tutto quel che era già stato considerato sul piano senso-motorio incomincia di nuovo sul piano rappresentazionale. Ciò spiega perché non vediamo subito le operazioni e in particolare non vediamo subito la conservazione[5]. Così come la nozione di permanenza dell'oggetto ha bisogno di molto tempo per essere costruita a livello senso-motorio, allo stesso modo la nozione di conservazione a livello operazionale, quale processo più elevato di ragionamento, ha bisogno di molto tempo per essere costruita sul nuovo piano. Molto più tempo, in quanto le sue dimensioni sono più vaste.

Evans: Così, in altre parole, si tratta veramente dell'inizio del passaggio da un livello presimbolico di concettualizzazione al livello di vero uso dei simboli?

Piaget: Esatto.

Evans: Ora, da questo livello preoperazionale che lei dice arrivare fino a circa sette anni di età, sembra che lei veda l'organismo muoversi verso un livello operazionale che diventa sempre più complesso. È vero?

Piaget: Sì, è vero.

Evans: Può brevemente esporci i meccanismi di questo livello operazionale che si ha tra i sette e gli unidici anni?

Piaget: L'essenza di una operazione a questo livello è che l'interiorizzazione delle coordinazioni esiste già sul piano delle azioni, ma adesso, poiché esse sono interiorizzate, c'è la possibilità della reversibilità. Si può cioè, col pensiero, tornare al passato. E inoltre, le operazioni sono sempre coordinate in strutture totali quali, per esempio, un sistema di classificazione, una serie ordinata, la serie dei numeri naturali o le

[5] La conservazione si riferisce alla credenza che certi attributi degli oggetti (peso, numero, massa) rimangano invariati nonostante le trasformazioni percettive. Questa credenza si accorda con le comuni esperienze che l'individuo ha dell'ambiente fisico.

corrispondenze biunivoche e così via. Strutture totali come queste costituiscono un nuovo reale campo e sono strumenti molto più potenti di quelli del periodo senso-motorio. Ma c'è una forma di limitazione, che consiste nel fatto che questi strumenti si applicano solo agli oggetti stessi. Non abbiamo ancora operazioni da applicare alle ipotesi, come si trovano nei bambini più grandi. Queste strutture totali sono ancora limitate da leggi come quelle che io chiamo di «raggruppamento»[6]: una struttura in qualche modo somigliante a un gruppo matematico, ma più limitata di un gruppo matematico.

Evans: Naturalmente il prossimo stadio al quale si riferisce è quello delle operazioni formali, che appare intorno all'età di undici anni e giunge fino ai quindici. È ovviamente un livello altamente complesso. Vuole parlarcene?

Piaget: La cosa più importante è che noi ora abbiamo la possibilità di applicare le operazioni non solo agli oggetti ma alle ipotesi formulate in parole. Per lavorare con le ipotesi si deve essere capaci di portare avanti delle operazioni sulle operazioni. Il contenuto di ogni ipotesi è già una forma di operazione concreta; il porre in relazione ipotesi e conclusione è una operazione nuova. Le operazioni sulle operazioni aprono ora un campo assai più vasto di possibilità. In particolare, abbiamo adesso la possibilità dell'analisi combinatoria, per mezzo della quale possiamo porre in relazione ciascuna proposizione con ciascun'altra proposizione, o ciascuna operazione con ciascun'altra operazione. In più, l'analisi combinatoria[7] rende possibile stabilire serie e sottoserie che uniscono i due tipi di reversibilità che, nelle operazioni concrete, rimangono sempre separati. Questi due tipi di reversibilità sono, da una parte, la negazione e, dall'altra, la reciprocità. Il gruppo delle quattro trasformazioni, come è chiamato dai matematici, è un esempio di struttura in cui negazione e reciprocità sono in relazione l'una con l'altra. Un gruppo come questo ha più possibilità ancora rispetto al *raggruppamento* dello stadio delle operazioni concrete.

Evans: Considerando l'intero processo di sviluppo, dal pe-

[6] Un raggruppamento è una struttura ibrida logico-algebrica che possiede le proprietà di composizione, associatività, identità e reversibilità (Flavell, 1963a). È sostanzialmente un concetto matematico che deve essere compreso in un contesto matematico.

[7] L'analisi combinatoria si riferisce ad un metodo che garantisca che tutte le possibili combinazioni di variabili siano completamente inventariate (Flavell, 1963a).

riodo senso-motorio via via attraverso i livelli operazionali più alti, sono sicuro che lei non crede che questi livelli siano fissi. In altre parole, lei riconosce una certa dose di flessibilità e di diversità individuali nell'ambito di questo modello, non è vero?

Piaget: Sì, naturalmente, ci può essere fissità a taluni stadi ma ci possono anche essere ritardi e accelerazioni. Vorrei andare però ancora più oltre. Nell'ambito del livello delle operazioni formali è possibile che alcune persone, per esempio persone che esercitano lavori manuali, operai specializzati di vario genere, raggiungano il livello delle operazioni formali nella loro particolare sfera professionale, ma non in tutto.

PARTE TERZA

CONSIDERAZIONI SULL'INTELLIGENZA, SUI VALORI E SULLA FILOSOFIA DELLA RICERCA

Intelligenza e contatti con il gruppo Binet-Simon. Problemi di ricerca interdisciplinare. La ricerca induttiva in opposizione alla ricerca deduttiva. Reazioni alla critica di Piaget come profeta di se stesso. Lo sviluppo morale. I personaggi più ammirati da Piaget. Valutazioni di Piaget sulla ricerca che deriva dalla sua ricerca. Progetti futuri di Piaget.

In questa parte, sono presi in esame alcuni argomenti che possono essere considerati controversi dagli psicologi contemporanei, e alcune critiche al lavoro di Piaget. Per esempio, è esaminata l'idea piagettiana di intelligenza come concetto generale, così come la controversa posizione di Arthur Jensen concernente le differenze razziali nel Q.I. Piaget reagisce ai critici del suo lavoro i quali sostengono che il suo metodo di ricerca produce risultati che possono essere considerati una profezia che si riflette su se stessa. Il lettore può anche avere una idea di Piaget uomo, il quale si intrattiene sui grandi uomini che ha più ammirato, parla delle incomprensioni che ha incontrato il suo lavoro, e di alcuni suoi progetti per il futuro.

Evans: Per passare ad un altro argomento, c'è negli Stati Uniti una controversia assai interessante che riguarda un rapporto del dott. Arthur Jensen (1969) della Università di California. Questo rapporto è apparso nella *Harvard Educational Review*. Il dott. Jensen, prendendo in esame il cosiddetto «Headstart Program» degli Stati Uniti, sostiene che il suo fallimento non dovrebbe esser dovuto al fatto che gli insegnanti sono stati incapaci di «arricchire» l'ambiente di bambini vissuti in ambienti deprivati. Il vero problema è che, sebbene in un tipo di intelligenza concreta non ci possano essere differenze, ci può essere un tipo di intelligenza astratta in cui il bambino negro è geneticamente inferiore. Mi chiedo che cosa lei pensa di ciò, dott. Piaget.

Piaget: Io penso che debbano essere fatti due rilievi. Primo, ovviamente che i fattori genetici esercitano un ruolo nello sviluppo della intelligenza, ma che essi non possono far niente di più che aprire certe possibilità. Essi cioè non possono fare niente per ciò che riguarda la realizzazione di queste possibilità. Non ci sono nella mente umana strutture innate che semplicemente vengono ad esistere; come ho già puntualizzato durante questa discussione, tutte le nostre strutture mentali debbono esser costruite. Così i fattori genetici e gli aspetti della maturazione non sono sufficienti a spiegare ciò che di fatto ha luogo in ogni stadio.

Il mio secondo rilievo è questo: come fa Jensen a misurare l'intelligenza? L'intelligenza è misurata solo sulla base di alcune produzioni o si è arrivati alla competenza, alle strutture interne? Ho paura che in studi di questa sorta si siano sempre misurate le produzioni, ed è abbastanza ovvio che le produzioni varieranno a seconda degli ambienti sociali. Da parte mia, non ho fiducia in misurazioni basate sul quoziente intellettivo o comunque sulle produzioni. Così, in generale, la conclusione di Jensen mi pare opinabile.

Evans: So che quando era a Parigi con il gruppo di Binet e Simon, i pionieri della misurazione dell'intelligenza, lei stesso lavorò sui test intellettivi. Fu durante questo periodo che iniziò a porre in dubbio alcune delle premesse di Binet e Simon per la misurazione dell'intelligenza?

Piaget: Sì. Naturalmente, quando io giunsi a Parigi come studente, Binet era già morto, ma Simon mi diede l'incarico di prendere il test intellettivo di Burt e di svilupparne una versione standardizzata in francese. Appena iniziai questo lavoro, ciò che realmente catturò il mio interesse non furono le risposte dei bambini ma le ragioni che c'erano dietro le loro risposte sbagliate. Cominciai così ad osservare le ragioni che stavano dietro gli errori dei bambini riguardo alla comprensione di certe cose, quali, per esempio, l'inclusione di parti nel tutto, e vidi che c'erano serie di problemi assai più interessanti che la standardizzazione dei test.

Evans: In altre parole, erano gli aspetti qualitativi che davano corpo a questo intero processo.

Piaget: Esatto. E con questo non intendo criticare i test di Binet-Simon. Essi hanno reso un grandissimo servizio ma pongono dei problemi. Per esempio nella scala Binet-Simon la serie dei pesi viene padroneggiata intorno ai dieci anni mentre la serie delle lunghezze viene padroneggiata a circa sette anni. Perché questa differenza? È un problema interessante. Questo è il tipo di problema che volevo studiare piuttosto che osservare semplicemente i risultati statistici.

Evans: Adesso, passando ancora ad un'altra area, dott. Piaget, e prendendo in considerazione i problemi generali da lei affrontati nel suo lavoro, penso che potrebbe essere interessante ascoltare il suo parere su ciò che lei considera il suo contributo più importante. Mi rendo conto che la domanda è complicata, perché possiamo parlare di contributi alla filosofia, contributi alla matematica, contributi alla psicologia. Tuttavia, prendendo in esame l'insieme delle sue attività, quale contributo ritiene essere il più significativo?

Piaget: Penso che il mio ruolo sia stato soprattutto quello di suscitare problemi, problemi che altre persone non vedevano perché non consideravano le cose da un punto di vista interdisciplinare. Quando si guarda allo sviluppo da una prospettiva epistemologica, una gran quantità di problemi diventa assai chiara, così chiara che sembra stupefacente che nessuno li abbia visti prima. Prenda, ad esempio, il problema della conservazione. Sembra così ovvio che si sarebbe dovuto prenderlo in esame da secoli, ma in realtà c'è voluto il punto di vista epistemologico per arrivarci.

Evans: Questo conduce ad un altro punto. L'idea di passare da un sistema filosofico non empirico a un sistema psicologico empirico, o, usando la sua terminologia, all'epistemologia genetica, deve presentare dei problemi. Quali sono le difficoltà del passaggio da una disciplina all'altra?

Piaget: Non è facile rispondere a questa domanda. Potrei fare i seguenti rilievi. Tutti gli epistemologi, a qualunque scuola appartengano, si rifanno implicitamente alla psicologia. Anche quando affermano di voler evitare qualsiasi aspetto della psicologia, la loro è già una posizione psicologica. I positivisti logici, per esempio, dichiarano di rifiutare la psicologia affermando che la logica può essere ridotta al linguaggio, alla sintassi generale e alla semantica. Malgrado questa affermazione, essi hanno preso una posizione psicologica. Ciò che dobbiamo metterci in mente allora è che ogni implicito assunto psicologico può e deve essere verificato. Questa verifica è ciò che filosofi ed epistemologi trascurano di fare. Quando ci si addentra nel campo della verifica, si ha sempre a che fare con gli stessi problemi che però si pongono in modo più preciso. I fatti aiutano a chiarire i problemi.

Evans: Una delle difficoltà che credo lei abbia incontrato nella transizione dal sistema filosofico al sistema psicologico è stata la critica rivolta al suo approccio di ricerca. Il «disegno sperimentale» tradizionalmente usato in psicologia si realizza col porre una ipotesi e con il provarla, cosa che può essere fatta in molti modi. La sua ricerca non ha sempre seguito le strade tradizionali, e questo ha fatto sì che fosse esposta alle critiche. Come risponde alle critiche rivolte ai suoi metodi di ricerca?

Piaget: Rispondo nel modo più semplice possibile. Quando agiamo come sperimentatori nel campo dello sviluppo del bambino, si viene a produrre un esperimento prepianificato. L'ipotesi si forma in anticipo, e l'esperimento semplicemente tenta di rispondere alla domanda se questa ipotesi sia vera o falsa. In una situazione di questo tipo ogni cosa è già incanalata; ogni cosa deve seguire uno schema prestabilito. Ma il mio problema era di scoprire quali differenze ci siano tra i bambini e gli adulti o quali differenze ci siano tra uno stadio e lo stadio seguente. Se si vogliono individuare queste differenze, bisogna farlo nel modo più libero possibile. Se si parte con un piano predeterminato, necessariamente ogni cosa risulta falsificata. Tutto ciò che è realmente interessante deve necessariamente cadere al di fuori di ogni piano predeterminato. La ragione per cui non ho piani sperimentali predeterminati è che io cerco cose nuove. Per me un esperimento ha successo quando scopro qualcosa di insospettato, qualcosa che non era stato affatto previsto. È in questo caso che le cose diventano interessanti.

Evans: Dott. Piaget, sarebbe soddisfatto se la maggior parte del suo lavoro venisse recepito come una produzione di ipotesi significative?

Piaget: Sì, questo è il mio fine.

Evans: C'è una ovvia differenza tra ricerca delle ipotesi e prova delle ipotesi. Ciò pone il problema della ricerca induttiva in opposizione a quella deduttiva, e questo naturalmente è un problema che non è stato mai risolto. Un approccio induttivo viene necessariamente, secondo lei, dopo l'esclusione dell'approccio deduttivo?

Piaget: Non sempre. C'è un rapporto importante tra i due. Nel mio lavoro, ad esempio, ho sempre cercato, spesso con l'aiuto di collaboratori, di formalizzare alcune strutture. Una volta che si abbiano formalizzazioni, si possono trarre da queste strutture delle deduzioni, e queste deduzioni danno spesso origine a nuovi punti di vista e a nuovi esperimenti induttivi. C'è una interazione tra induzione e deduzione.

Evans: In un recente libro che sintetizza il suo lavoro, lo psicologo americano Phillips (1969) muove una critica al suo metodo: mi interessa conoscere la sua reazione a questa critica. Egli si riferisce ad un recente lavoro di Robert Rosenthal (1966) della Harvard University, il quale ha asserito che la posizione o le aspettative di uno sperimentatore possono viziare i risultati dell'esperimento. Si riferisce qui ad una sorta di profezia che si riflette su se stessa. Egli sostiene che in troppe delle ricerche condotte a termine si finisce semplicemente con lo scoprire ciò che ci si aspettava di trovare, perché non si sono sottoposti ad adeguato controllo i presupposti dello sperimentatore. Il dott. Phillips ritiene che probabilmente parte del suo lavoro e del lavoro del suo gruppo possa essere sottoposta alla medesima critica. Sarebbe interessante che lei ci dicesse il suo parere sulla critica di Phillips.

Piaget: Non credo che sia il caso, perché ho appena spiegato, con quanto ho detto sull'induzione-deduzione nella ricerca, che io ho un minimo di ipotesi quando inizio. Quando le scoperte sono pubblicate, da coloro che vi hanno lavorato, naturalmente le ipotesi si collegano ai fatti. La maggior parte delle volte ho cominciato con ipotesi molto incomplete che, qualche volta, si sono rivelate sbagliate e, semplicemente seguendo i fatti, sono andato in una direzione molto diversa da quella che avevo ipotizzato.

Evans: Così ciò che lei sta dicendo, dott. Piaget, è che accusarla di esperimenti viziati da pregiudizi è scorretto in quanto lei non parte da pregiudizi.

Piaget: In generale è così.

Evans: Capisco che ciò dipende dal grado di formalizzazione delle ipotesi.

Piaget: Sì.

Evans: Ho notato che nella risposta alla mia domanda su quelli che considera i suoi più importanti contributi lei non ha trattato del suo primissimo lavoro sullo sviluppo morale. Come lei sa, gli Americani sono molto interessati al problema morale, ed hanno prestato particolare attenzione a questo suo lavoro. Mi chiedo se lei può espormi in breve alcune delle sue scoperte in questo campo.

Piaget: Mio Dio, è storia antica! Il mio lavoro sul giudizio morale dei bambini viene fuori da una frase di un mio collega che disse: «Va benissimo per ciò che riguarda i fatti e l'evidenza, ma che cosa succede quando si ha a che fare con i valori?». Così tentai di studiare il giudizio morale in parallelo con il giudizio logico. Come al solito, cominciando senza ipotesi, scoprii cose inaspettate. Per esempio, la grandissima differenza tra la morale dell'obbedienza e dell'autorità, che c'è intorno ai sette anni, e la morale della cooperazione che subentra successivamente a questa, quando comincia a svilupparsi l'idea della giustizia. L'idea della giustizia non si basa sulla autorità dell'adulto ma spesso si afferma anche a spese di questa. È basata su rapporti tra uguali, tra i bambini stessi. Tutto ciò mi sembra parallelo allo sviluppo, attraverso il livello preoperazionale [1] e i livelli delle operazioni [2] concrete e formali, dell'area del giudizio logico.

Evans: Adesso, passando ad un altro argomento forse più

[1] Il periodo preoperazionale è il secondo stadio piagettiano di sviluppo (dai due ai sette anni).

[2] I livelli delle operazioni concrete e formali sono gli ultimi due periodi piagettiani di sviluppo (dai sette ai quindici anni) e sono caratterizzati dall'uso delle relazioni logiche.

personale, dott. Piaget, so che nella sua vita assai ricca di esperienze lei ha incontrato molti degli uomini più creativi del nostro tempo. Mi chiedo quale, tra gli uomini che ha incontrato, lei ammiri maggiormente.

Piaget: Mi ha colpito profondamente Einstein perché si interessava a tutto. Mi chiese di parlargli dei nostri esperimenti sulla conservazione e si interessò moltissimo al fatto che la nozione di conservazione appaia così tardi nello sviluppo. Egli notò che questo fatto spiegava le enormi difficoltà inerenti al raggiungimento del pensiero razionale.

Evans: Oltre ad Einstein, c'è qualche altra figura significativa con la quale ha avuto contatti e che ritiene sia stata per lei particolarmente interessante?

Piaget: Ricordo alcune conversazioni molto istruttive con Oppenheimer. Erano conversazioni sul ruolo della percezione. All'inizio lui non capiva ciò che intendevo quando dicevo che la percezione non è tutto e che è subordinata all'azione. Ma quando cominciò a capire che questa subordinazione ha l'effetto di rinforzare le attività percettive, accettò questo punto di vista. Queste conversazioni furono assai istruttive: fu interessante vedere un uomo di quella statura intellettuale posto di fronte a un problema appartenente ad un'area completamente diversa dalla sua e analizzare le fasi del suo processo di comprensione.

Evans: Avendo viaggiato attraverso gli Stati Uniti e per il mondo e incontrato studenti e professori, quali pensa che siano stati i punti meno compresi del suo lavoro?

Piaget: Il punto maggiormente incompreso è l'idea di costruzione, l'idea che le strutture sono nuove, che esse non esistono né nel soggetto né nell'oggetto, ma devono essere costruite. Il mio amico Berlyne (1965), per esempio, ha scritto un articolo nel quale afferma che io sono un neocomportamentista e si basa, per affermarlo, su quello che io ho detto intorno alla natura della conoscenza fisica degli oggetti e così via. Ad un convegno a Monterey l'anno scorso, invece, ho sentito una conferenza di Beilin (1969) il quale diceva che io sono un neomaturazionista e che se si analizzano in profondità le mie idee risulta che per me tutto appare innato, tutto proviene dall'interno. Ebbene, non sono né l'una né l'altra cosa. Naturalmente tutto viene da dentro ma per regolazione e costruzione. Questa idea della costruzione è la più difficile da far capire.

Evans: Ha mai visto progetti di ricerca, sedicenti ispirati alle sue idee, i quali siano particolarmente poveri e dei quali non sia affatto contento?

Piaget: Sfortunatamente ce ne sono molti.

Evans: Può darcene qualche esempio, dott. Piaget?

Piaget: No, adesso non ne ricordo nessuno. Ma il principale difetto di alcune di queste ricerche consiste nel fatto che le mie idee sono state spezzettate in piccoli frammenti.

Qualcuno, ad esempio, fa un intero studio di ricerca sulla reversibilità e non fa attenzione a tutti gli altri aspetti della situazione. Oppure si studia la conservazione lasciando da parte le strutture. In aggiunta all'idea di costruzione, l'altra mia idea importante è che ciò che viene costruito sono le strutture totali. L'idea che ci sono strutture totali implica che ci sono interazioni tra le differenti operazioni di un dato livello. Così se qualcuno studia un argomento separandolo dagli altri dà naturalmente un taglio sbagliato all'intera impresa.

Evans: Ciò significa quindi che gran parte delle ricerche che si pubblicano sulle riviste e che si considerano derivate dal suo lavoro sono poco significative e rischiano persino di generare una maggiore incomprensione delle sue idee. In altre parole si corre il pericolo si giungere ad una specie di circolarità improduttiva.

Piaget: È così.

Evans: Dott. Piaget, a che cosa sta lavorando adesso? Quali sono i suoi progetti per il futuro?

Piaget: I nuovi progetti si rivolgono sempre a quei problemi non previsti che nascono dal lavoro stesso. Negli ultimi anni abbiamo studiato la causalità. Abbiamo un punto di vista assai diverso da quello che avevamo precedentemente. Noi avevamo sempre studiato le operazioni del soggetto, ma studiando la causalità abbiamo avuto a che fare con gli oggetti e con la resistenza che gli oggetti presentano alla comprensione del soggetto. Abbiamo allora scoperto che lo sviluppo della causalità passa attraverso stadi comparabili agli stadi di sviluppo operazionale, tranne che in questo caso le operazioni sono attribuite agli oggetti. Lo stesso oggetto è considerato come un operatore il quale opera su altri oggetti e così via. Ora, se le operazioni sono attribuite agli oggetti, ciò genera il problema del ruolo delle proprie azioni e della presa di coscienza delle proprie azioni. Come fa il bambino a scoprire nelle sue azioni relazioni causali tra gli oggetti da una parte e le operazioni del suo pensiero dall'altra? Eccoci di fronte ad un nuovo problema: quello del rapporto tra due tipi di astrazioni, quelle basate sugli oggetti e quelle basate sulle azioni. Siamo immersi nel problema di questi due tipi di astrazioni e non sappiamo ancora che cosa ne uscirà fuori. Io sto adesso studiando i dati che abbiamo raccolto da ottobre. Sono dati inaspettati e ci aprono nuove strade. Non ho quindi piani precisi per gli anni futuri.

PARTE QUARTA

RICERCA INTERDISCIPLINARE E RAPPORTO DEI CONCETTI PIAGETTIANI CON L'EDUCAZIONE

Cibernetica e concetti piagettiani. Impegno interdisciplinare nell'Istituto di Piaget. Applicazione dei concetti piagettiani all'educazione.

In questa sezione Piaget esprime le sue idee su ciò che concerne la cibernetica, la matematica e l'educazione. Discute inoltre della ricerca interdisciplinare. Fa infine alcune interessanti osservazioni su Rousseau e su Maria Montessori.

Evans: Dott. Piaget, ho incontrato alcuni studiosi di varie discipline che lavorano qui nel suo Istituto e sono stato particolarmente colpito dal dott. Guy Cellerier[1] che lavora nel campo della cibernetica. Come si pongono in relazione i modelli della cibernetica con il suo unico modello di sviluppo umano?

Piaget: Io vedo una stretta relazione tra i miei modelli e i modelli cibernetici. Ho sempre insistito sul fatto che i fattori tradizionalmente usati per spiegare lo sviluppo — maturazione, esperienza, tradizione sociale, e così via — sono inadeguati. Ho sempre detto che a questi deve essere aggiunto un altro fattore fondamentale, cioè l'equilibrazione[2]. Io non ho usato la terminologia cibernetica quando ho cominciato a parlare di questo fattore; nonostante ciò ho affermato fin dall'inizio che non si trattava di un bilanciamento di forze opposte, di un semplice caso di equilibrio fisico, ma piuttosto di un'autoregolazione. E oggi la cibernetica è precisamente questo: lo studio di modelli autoregolantisi. Questo nucleo autoregolatore è il cuore di tutto lo sviluppo dell'intelligenza; senza di esso non c'è nessun modo di spiegare le nuove acquisizioni. La conoscenza non è ereditariamente predeterminata; non è predeterminata nelle cose che ci circondano — nel conoscere le cose intorno a lui il soggetto fa sempre delle nuove aggiunte. E se la conoscenza non proviene bella e fatta né dall'ereditarietà né dall'ambiente, da dove proviene la novità? Io ritengo che debba provenire dalla autoregolazione. Ad ogni successivo livello si può astrarre dalle coordinazioni di un dato livello e costruire su queste astrazioni un sistema

[1] Il dott. Cellerier fu così gentile da fungere da interprete durante questo dialogo.

[2] L'equilibrio si riferisce al modello autoregolatore di Piaget nel quale nuovi eventi ambientali sono assimilati in strutture cognitive esistenti e strutture esistenti sono trasformate per adattarsi a nuove situazioni ambientali.

di livello più alto; ma è il processo di autoregolazione che spiega la transizione da uno di questi livelli a uno successivo più alto.

Evans: Come lei ricorda, prima, quando abbiamo toccato l'argomento della motivazione e la teoria freudiana, abbiamo anche trattato del modello omeostatico e della nozione di tendenza organica alla riduzione della tensione o equilibrio. Quella nozione cibernetica alla quale lei si è appena riferito è molto diversa da questo concetto?

Piaget: Non penso che sia diversa, penso che sia su un livello differente. Nel campo della biologia abbiamo omeostasi a tutti i livelli. Anche a livello di basilare unità genetica, c'è l'omeostasi; ci sono omeostasi fisiologiche e omeostasi embriologiche. Ad ogni livello troviamo omeostasi; così a livello di comportamento umano abbiamo un altro sistema di autoregolazione. Ma l'omeostasi non è richiesta istantaneamente. È un punto di arrivo, il risultato di un processo. Traduco questo punto di arrivo in termini operazionali, di operazioni logiche, matematiche, ecc. In cibernetica ciò è chiamato una perfetta regolazione, intendendo che è una correzione anticipatoria e non è solo una correzione effettuata dopo che l'azione è stata portata a termine una prima volta. Lei ha incidentalmente menzionato Cellerier. Egli ha eseguito un considerevole lavoro sulla cibernetica e l'epistemologia.

Evans: La sola presenza del dott. Cellerier rivela un aspetto unico e importante del suo Istituto: la sua natura interdisciplinare. Evidentemente lei vuole promuovere insieme lo studio di discipline come la cibernetica, la matematica, la biologia, la filosofia, l'antropologia culturale, la sociologia e la psicologia, allo scopo di indagare lo sviluppo della conoscenza dell'uomo. Sarebbe interessante sapere come alcune di queste discipline, a parte la cibernetica, si pongono in relazione ai problemi dello sviluppo della conoscenza. Per esempio, l'antropologia culturale come si pone in rapporto con questo problema?

Piaget: L'antropologia culturale ci insegna due cose: per prima cosa può far luce sui meccanismi generali che noi indaghiamo. Questi meccanismi sono specifici delle nostre società occidentali o sono universali? Le comparazioni che sono state fatte sembrano dimostrare che questi meccanismi sono comuni e possono essere riscontrati in ognuna delle molte società che sono state studiate da questo punto di vista, naturalmente con alcune accelerazioni o ritardi a seconda dei meccanismi sociali. Questo è il primo tipo di lavoro comparato ed è indispensabile. Secondariamente, ciò che noi studiamo qui è lo sviluppo ontogenetico. Noi studiamo gli individui. Si tratta naturalmente di individui nel contesto della società, ma centro del nostro interesse è l'individuo. Ciò che l'antropologia culturale può darci — nella misura in cui ha una dimensione storica, il che, mi rendo conto, è difficile — è la sociogenesi così come la psicogenesi. La comparazione tra le due è indispensabile.

Evans: Nella sua conferenza alla Columbia University sulla epistemologia genetica (inclusa nel presente volume) ho notato un'osservazione molto interessante: un'altra indicazione riguardante l'importanza che lei attribuisce all'approccio interdisciplinare. Lei afferma di essere stato molto interessato alla questione di come l'uomo primitivo ha iniziato a pensare, di come si evolve la conoscenza e di aver cominciato a occuparsi dello sviluppo della conoscenza nei bambini proprio perché questa era l'unica strada valida per esaminare l'intero sviluppo storico dei processi cognitivi nell'uomo in generale. Questo è ancora il suo interesse principale?

Piaget: Sì. Quello che lei dice è abbastanza giusto: il mio problema è lo sviluppo della conoscenza in generale. Sfortunatamente la storia dello sviluppo della conoscenza è assai incompleta, specie per ciò che riguarda gli inizi, che sono effettivamente molto importanti. Così io faccio ciò che fanno i biologi, che quando non sono in grado di stabilire una serie filogenetica studiano l'ontogenesi.

Evans: Un altro settore della *équipe* interdisciplinare dell'Istituto è costituito dai matematici. Perché pensa che la matematica sia così importante nello studio dello sviluppo della conoscenza?

Piaget: Perché insieme alla logica formale la matematica è la sola disciplina interamente deduttiva. Essa si fonda interamente sull'attività del soggetto; essa è fatta dall'uomo. Ciò che è interessante nella fisica è il rapporto tra l'attività del soggetto e la realtà. Ciò che è interessante nella matematica è che essa è la totalità di ciò che è possibile. E ovviamente la totalità di ciò che è possibile è una creazione dello stesso soggetto. Così è, a meno di non essere platonici.

Evans: Adesso che lei ha spiegato perché almeno alcune delle varie discipline sono rilevanti per lo studio dell'epistemologia genetica, sorge il vecchio problema di come tante e varie discipline possano essere in comunicazione tra loro.

Piaget: Durante il primo anno di lavoro al nostro Centro per l'Epistemologia genetica, nessuno, per almeno sei mesi, capiva gli altri. Ogni problema enunciato da una persona risultava incomprensibile per tutti gli altri. Così impiegammo questi primi sei mesi alla creazione di un linguaggio comune. O meglio non proprio di un linguaggio comune, ma di un sistema di traduzione. Adesso che abbiamo un sistema di traduzione tutto procede bene.

Evans: Dottor Piaget, forse lei può avere un rapporto facile con tutte queste discipline perché sembra possedere una notevole cultura generale, una preparazione di base ottima per ciò che riguarda la filosofia, la matematica, la biologia, ecc., ma ci sono poche persone del suo calibro. Come pensa che alcuni dei suoi colleghi più specializzati possano davvero comunicare fra di loro, sia pure con il «sistema di traduzione» di cui ha parlato pocanzi?

Piaget: Prima di tutto non sono d'accordo sul fatto che io possieda una tale cultura generale. Ciò che è soprattutto richiesto a chi è a capo di una impresa interdisciplinare di questo livello è una ignoranza enciclopedica. Egli deve imparare tutto e tutti inoltre possono imparare osservandc come lui impara.

Evans: Passando ad un altro argomento, dottor Piaget, lei trova che abbia un valore l'analogia tra un computer e la funzione cognitiva dell'uomo in un impegno di ricerca?

Piaget: Mi sembra che se anche potessimo costruire un computer estremamente complesso e lo usassimo per molto molto tempo, questo computer non cambierebbe mai, mentre la mente umana, con tutta la sua complessità, continua realmente ad accrescersi con l'uso: diventa più complicata.

Evans: In altre parole, la mente umana con l'uso si accrescerà, mentre i computers resteranno statici, perché un computer non può autoprogrammarsi.

Piaget: Sì. Penso che la maggiore differenza tra un ricercatore e un computer consista nel fatto che un ricercatore inventa i problemi. Nel nostro lavoro, per esempio, il nostro impegno maggiore ogni anno consiste nel trovare nuovi problemi, non soltanto nuove soluzioni.

Evans: Naturalmente, lei conosce il lavoro del noto psicologo canadese Donald Hebb (1949). Leggendo l'opera del professor Hebb, abbiamo individuato la possibilità di porre in rapporto con il suo lavoro la nozione di funzionamento neurofisiologico. Mi sembra che la sua teoria di organizzazione progressiva dell'organismo e del cervello sia assai vicina alla sua. Ritiene che ci siano punti di contatto tra Hebb e lei?

Piaget: Sì, certamente, il punto di vista di Hebb è assai vicino al mio, perché egli ha la stessa idea di organizzazione progressiva. Egli non ritiene, come gli psicologi della Gestalt, che la conoscenza parta da totalità belle e fatte, né che sia costituita da associazioni nel senso dei comportamentisti. Egli la vede appunto come una organizzazione progressiva.

Evans: Ha avuto contatti personali con il professor Hebb?

Piaget: Occasionalmente; ma sfortunatamente, a causa di problemi di linguaggio, non abbiamo avuto la possibilità di comunicare molto a fondo.

Evans: Una cosa che mi ha colpito è il fatto che negli Stati Uniti il suo lavoro sta rapidamente suscitando notevole interesse soprattutto nel campo dell'educazione e sta a cuore particolarmente a coloro che sono impegnati nelle scuole primarie. In molti libri recenti si è tentato di applicare le sue teorie ai problemi degli insegnanti. Un esempio è il libro di Hans Furth, *Piaget for teachers* (1970). Si tratta d'una direzione che le piacerebbe veder assumere dal suo lavoro, cioè quella di essere utilizzato dagli insegnanti nei loro rapporti con gli allievi?

Piaget: Sono convinto che quello che noi abbiamo scoperto possa essere usato nel campo dell'educazione, andando oltre la teoria dell'apprendimento, per esempio, e suggerendo altri metodi di apprendimento. Penso che ciò sia fondamentale. Io però non sono un pedagogista e non ho indicazioni precise da dare agli educatori. Tutto quello che noi possiamo fare è fornir loro dei fatti. Penso inoltre che gli educatori possano scoprire molti nuovi metodi educativi.

Evans: È preoccupato dal fatto che alcune persone che non hanno compreso pienamente le sue idee abbiano cominciato ad applicarle troppo presto?

Piaget: Sì, è un grosso pericolo. Ho l'impressione che assai poca gente abbia capito il mio pensiero.

Evans: C'è una tradizione educativa che deriva dalla classica opera di Rousseau, *Émile* (1762), la cui idea centrale è che il bambino debba muoversi in un ambiente naturale e che debba imparare attraverso il fare e l'esperienza. Io penso che lei dovrebbe approvare gli educatori che applicano le teorie di Rousseau dell'imparare attraverso la conoscenza e dell'imparare attraverso l'esperienza.

Piaget: Sì, solo che Rousseau ha dimenticato l'aspetto sociale. Ci sono solo il maestro ed Émile.

Evans: Ma nel mondo c'è di più.

Piaget: Sì, c'è l'Émile collettivo.

Evans: Prendendo in considerazione l'applicazione del suo lavoro all'educazione, uno dei movimenti più interessanti che abbiamo avuto negli Stati Uniti e in Europa è quello che ha origine dall'insegnamento dell'italiana Maria Montessori. La Montessori e alcuni dei suoi seguaci si riferiscono in vari punti al suo lavoro. Lei ha avuto contatti personali con la Montessori?

Piaget: Sì, ho conosciuto bene la signora Montessori. Penso che la sua idea di incentrare tutto sull'attività sia eccellente, ma trovo disastroso l'uso dei materiali. Quando c'è un materiale standard, non si osa nemmeno tentare di cambiarlo, mentre la cosa importante per il bambino è costruirsi il suo proprio materiale.

Evans: Capisco. In altre parole, la Montessori non si è spinta troppo avanti nel permettere ai bambini di raggiungere l'indipendenza.

Piaget: Sì, è così. Ma no, l'errore sta soprattutto nel materiale standardizzato.

Evans: Quali sono le sue speranze riguardo alla futura influenza della sua opera nel campo dell'educazione? Pensa che un giorno essa rivoluzionerà il nostro intero sistema educativo?

Piaget: Lo spero molto, soprattutto per ciò che riguarda l'educazione di una struttura sperimentale nella mente. Per esempio, gran parte della matematica che viene oggi insegnata è matematica moderna, ma essa spesso è ancora insegnata con metodi assai arcaici. E, almeno in Europa, non è stato fatto nulla per sviluppare una struttura sperimentale della mente. Ai bambini vengono mostrati degli esperimenti, ma non è il bambino a sperimentare.

Evans: Se capisco bene, quello che lei, dottor Piaget, spera per ciò che riguarda l'educazione, soprattutto nei gradi inferiori, è che si raggiunga l'ampia possibilità per il bambino di gestire il suo comportamento e le sue esperienze, modificando i programmi in modo che gli sia permessa una maggiore libertà di svilupparsi, al suo livello, come individuo. È esatto?

Piaget: Sì, ma è importante che gli insegnanti presentino ai bambini materiali, situazioni e occasioni che permettano loro di progredire. Non si tratta solo di permettere ai bambini di fare qualunque cosa, si tratta di presentare ai bambini situazioni che offrano loro nuovi problemi, che scaturiscono uno dall'altro. C'è bisogno di guida e di libertà insieme.

PARTE QUINTA

PROBLEMI GENERALI DI PSICOLOGIA

Coinvolgimento degli studiosi del comportamento nell'azione sociale. Uso e abuso dei concetti piagettiani da parte degli psicologi americani. Opinione di Piaget su Jerome Bruner. Comparazione tra le idee sul linguaggio di Chomsky e quelle di Skinner. Razionalità e irrazionalità nell'uomo.

In questa sezione Piaget risponde alla domanda se e fino a che punto gli studiosi del comportamento debbano essere coinvolti nei problemi attuali, tratta inoltre di ulteriori esperienze con Oppenheimer, discute il lavoro di Jerome Bruner e di Chomsky e infine espone le sue vedute sulla razionalità dell'uomo in contrapposizione alla sua irrazionalità.

Evans: Dott. Piaget, vorrei adesso passare ad un problema di carattere generale che, negli Stati Uniti e, sono certo, in tutto il mondo, sta turbando molti studiosi del comportamento. Sembra che la società stia diventando sempre più esigente con gli studiosi del comportamento. Vuole che essi entrino in comunicazione con essa e le offrano il loro contributo. Ad esempio, negli Stati Uniti, durante i recenti incontri della American Psychological Association, si è costituito un gruppo chiamato Psicologi per l'Azione sociale. Si esercitano pressioni sugli studiosi del comportamento affinché si muovano in aiuto della società, affinché facciano qualcosa. Lei ritiene che gli studiosi del comportamento dovrebbero tentare di coinvolgerci in problemi sociali quali la sovrappopolazione, la ricerca dei mezzi per scongiurare la guerra, la povertà, oppure ritiene che gli studiosi debbano cercare di tenersi al di fuori di questi problemi per timore di perdere la loro oggettività? In altre parole, possiamo permetterci il lusso di stare seduti a guardare o dovremmo lasciarci coinvolgere da problemi quali sovrappopolazione, povertà, pace nel mondo?

Piaget: Se uno psicologo è impegnato in attività o in qualche particolare ricerca che implichi possibili applicazioni ai problemi sociali, io penso che abbia il dovere di occuparsene; non penso invece che sia necessario cercare coinvolgimenti artificiosi in essi. Non penso che sia giusto aspettarsi che una persona si occupi di un problema sociale solo perché è uno psicologo. Può infatti non sapere nulla di quel particolare problema.

Evans: Abbiamo avuto negli Stati Uniti alcune situazioni tragiche che hanno prodotto negli scienziati un tremendo senso di colpa, sia per quanto di positivo che per quanto di fallimentare avevano fatto nel tentativo di risolvere problemi a vantaggio della società. Il caso di J. Robert Oppenheimer ne è un esempio classico. Lei ha prima ricordato di aver fatto tesoro dei vostri incontri al Princeton Institute for Advanced Study. La sua esperienza dimostra come uno scienziato possa prendere parte ad uno sforzo volto a risolvere un problema producendo una bomba atomica e pagando per tutta la vita lo scotto del senso di colpa. Ci siamo trovati in una situazione analoga a questa, anche se di segno opposto, quando alcuni anni fa il presidente degli Stati Uniti ha dichiarato «guerra alla povertà». Molti psicologi e sociologi che erano direttamente impegnati in questo sforzo furono turbati dal fatto che, in ultima analisi, essi erano incapaci di risolvere i problemi fondamentali della povertà. Non sarebbe preferibile allora che noi scienziati sociali permettessimo semplicemente ai politici e ai burocrati di utilizzare le nostre scoperte senza essere direttamente coinvolti nella ricerca della soluzione dei problemi sociali?

Piaget: Il problema è assai più tragico per i fisici di quanto non lo sia per gli psicologi. Come ho già avuto occasione di dire, ho conosciuto bene Oppenheimer e, come lei giustamente ha notato, ho avuto l'impressione di un uomo lacerato da problemi di questo tipo. Per gli psicologi penso che si tratti di una questione di vocazione personale. Malgrado il rischio dell'insuccesso, uno psicologo che abbia una vocazione sociale può essere molto più utile di chi non ha particolari conoscenze psicologiche. Soprattutto però mi sembra che sia sbagliato imporre, in modo artificioso, un dovere a persone che non hanno una particolare competenza nell'applicazione pratica del proprio lavoro. Io sarei molto angosciato se mi venisse imposto il dovere morale di occuparmi delle implicazioni sociali del mio lavoro.

Evans: In altre parole, l'impegno sociale deve essere un espandersi naturale del proprio temperamento e della propria personalità. Se è così, va bene, ma non deve essere una sorta di dovere imposto.

Piaget: Sì.

Evans: Precedentemente abbiamo parlato della comunicazione tra le discipline, qui all'Istituto. Lei è capace di comunicare con tutti i vari gruppi e con tutte le persone che stanno lavorando nel campo della psicologia e della epistemologia, a parte il suo gruppo qui a Ginevra? O ritiene comunque importante per lei tentare di farlo?

Piaget: È assolutamente necessario tenersi aggiornati, ma per chi scrive è estremamente difficile leggere. Quando incontrai per la prima volta l'epistemologo norvegese Arne Naess, mi disse: «Sembra che ci siano delle analogie tra quello che fa lei e quello che faccio io, ma io non leggerò mai una parola del suo lavoro e lei non leggerà mai una parola del mio. Dovremmo tentare di trovare qualche collaboratore che spieghi a ognuno di noi che cosa sta facendo l'altro?».

Evans: Ha mai preso in considerazione la possibilità di tenere un convegno internazionale al quale invitare studiosi di diverse discipline che abbiano seguito il suo lavoro? I suoi studi hanno dato origine ad un movimento internazionale assai significativo che potrebbe appunto dar luogo a un convegno internazionale, su larga scala, dedicato al suo lavoro e ai suoi risultati.

Piaget: Un'idea del genere non mi è mai passata per la mente e la trovo terrificante. Preferisco i contatti individuali.

Evans: Parlando della ricerca svolta nel suo stesso campo da altri studiosi, sarebbe interessante sapere che cosa lei pensa delle concezioni di Jerome Bruner (1966). Ritiene che siano compatibili con le sue?

Piaget: Le idee di Bruner erano assai vicine alle mie quando lui scrisse, con Goodnow e Austin, il libro sui problemi del pensiero (Bruner, Goodnow, Austin, 1952), nel quale parla in termini di strategie. Noi siamo assai vicini alle idee esposte in quel libro, ma lei sa che Bruner muta continuamente il suo pensiero: ha ogni anno nuove idee. Ha cominciato a lavorare sulle interpretazioni, nell'area della conservazione dei fenomeni, ad esempio, ed ha basato il suo lavoro sull'immagine mentale, sul linguaggio e così via. Mi sembra che spiegazioni di questo tipo siano inadeguate.

Evans: In altre parole, lei ritiene che il lavoro di Bruner (1966) sia passato, attraverso una sorta di evoluzione, da uno stadio nel quale egli operava più chiaramente nell'area dello sviluppo della conoscenza, nel senso in cui opera lei, allo stadio odierno in cui si muove nell'area del linguaggio, e che possa essere troppo impegnato nella linguistica.

Piaget: Penso che sia abbastanza legittimo uscire dal campo della psicologia e far uso della linguistica. Soltanto vorrei che Bruner mi consentisse lo stesso diritto di uscire dal campo della psicologia e far uso della logica. La linguistica, infatti, gli sembra perfettamente naturale, mentre sembra spaventarlo la logica. Da parte mia, ritengo che si debbano prendere in considerazione entrambe.

Evans: In altre parole, lei sta affermando che forse Bruner non è sufficientemente eclettico.

Piaget: No, non è questo. Dico solo che ha delle preclusioni nei riguardi della logica. Pensa che la logica appartenga al campo della filosofia, non a quello della scienza. Ma soprattutto non crede nelle operazioni. Le usa quotidianamente, ma non ci crede.

Evans: Una delle ragioni del rilievo che Bruner dà al linguaggio è forse da ricercarsi nel fatto che il problema del linguaggio in generale è assai fortemente sentito dagli psicologi americani. B.F. Skinner, ad esempio, ha incontrato grandi difficoltà nel suo lavoro sull'esperienza e sui processi cognitivi. Ma nel suo libro *Verbal Behaviour* (1968) egli è più o meno disposto ad ammettere il linguaggio nel sistema perché può categorizzare il linguaggio come risposta. Se ho ben capito il suo punto di vista, dott. Piaget, lei afferma che una volta che uno psicologo comincia ad occuparsi troppo del linguaggio, si lega troppo all'area del linguaggio stesso e finisce per ignorare le altre.

Piaget: Sì, certamente. Dobbiamo tenere sempre presenti, ad ogni livello, i rapporti tra linguaggio e pensiero. Qui a Ginevra abbiamo la fortuna di avere un'eccellente linguista e psicolinguista, la signora Sinclair. Ella è stata in grado di dimostrare la stretta relazione che intercorre tra lo sviluppo delle operazioni e lo sviluppo del linguaggio. La cosa più interessante è stata la dimostrazione che lo sviluppo del linguaggio non porta con sé un corrispondente sviluppo delle operazioni, mentre si è dimostrato vero il contrario.

Evans: Questa, ovviamente, è stata una scoperta classica. Si è trattato di una ipotesi postulata precedentemente da lei e che poi la dott. Sinclair ha verificato. È così?

Piaget: Sì, è stata una verifica assai importante. Penso anche però che le attuali tendenze della linguistica, a partire da Chomsky, sono assai più vicine al mio pensiero di quanto non lo siano state quelle del tempo di Bloomfield o dei linguisti puramente sensoriali.

Evans: Lei cita Chomsky (1968). La sua teoria della linguistica funzionale rappresenta non solo il punto di vista più vicino al suo, dott. Piaget, ma anche quello più chiaramente opposto a quello di Skinner. Lei è al corrente della controversia tra Skinner e Chomsky?

Piaget: Sì, certo. Penso che Chomsky abbia di gran lunga ragione.

Evans: Passando ad altro argomento, dott. Piaget, un grosso problema che interessa molto gli studenti americani di psicologia è se l'organismo umano sia razionale o irrazionale. Sulla scorta della teoria freudiana, ci sembra di poter considerare l'organismo umano come primariamente irrazionale, con un grado di razionalità relativamente piccolo. Se prendiamo invece in considerazione il suo lavoro, ci sembra di vedere un organismo umano quasi totalmente razionale, forse con un minimo di irrazionalità. È un paragone corretto?

Piaget: Non è gentile per Freud, ma penso che né Freud né io dovremmo essere ritenuti autorità in questo campo: lo sono piuttosto i biologi. Cannon (1934) e altri, per esempio, con la loro nozione di omeostasi di cui abbiamo trattato precedentemente in un altro contesto, dimostrano che c'è una saggezza nel corpo.

PARTE SESTA

APPRENDIMENTO, CURIOSITÀ E CREATIVITÀ

L'apprendimento. I rafforzamenti del comportamento del bambino. Il bambino come «sperimentatore»: la curiosità. I primi lavori di Piaget. Comportamento universale e relativismo culturale. La creatività.

In questa parte del dialogo Piaget tratta dell'apprendimento, dei rafforzamenti del bambino come «sperimentatore» e della curiosità del bambino. Piaget parla anche dei suoi primi lavori, del comportamento universale in opposizione al relativismo culturale e, infine, della creatività.

Evans: Come abbiamo già detto, dott. Piaget, l'apprendimento e la teoria dell'apprendimento suscitano grande interesse negli psicologi americani, in particolar modo l'apprendimento come funzione di rafforzamenti esterni, su cui Skinner ha attirato l'attenzione. È chiaro, dott. Piaget, che, come ha precedentemente già avuto modo di dire, lei non focalizza totalmenre la sua ricerca sull'apprendimento, come fanno molti psicologi americani. Ciò indica necessariamente che lei ritiene non importante l'apprendimento o fa parte del suo sistema di ridefinizione dell'apprendimento stesso?

Piaget: Dobbiamo ridefinire l'apprendimento: dobbiamo pensare ad esso in un modo diverso. Prima di tutto l'apprendimento dipende dallo stadio di sviluppo, ovvero, come dicono gli embriologi, di competenza; e lo sviluppo non è semplicemente la somma di tutto ciò che l'individuo ha appreso. Secondariamente, pensando ai rafforzamenti, non dobbiamo limitarci a pensare ai rafforzamenti esterni ma dobbiamo tener conto anche di quelli interni, che hanno luogo attraverso l'autoregolazione. Penso che si debba trovare un nuovo approccio alla ricerca sull'apprendimento, e questo è proprio ciò su cui Barbel Inhelder, la dott. Sinclair e Magali Bovet stanno lavorando adesso, cercando processi di apprendimento basati sui fattori di sviluppo che i nostri studi di psicogenetica hanno messo in luce.

Evans: Un aspetto affascinante del suo metodo è che lei sembra considerare lo psicologo-epistemologo genetico come uno sperimentatore che a sua volta vede nel bambino un altro sperimentatore; uno degli sperimentatori (lo psicologo) fornisce all'altro sperimentatore (il bambino) l'opportunità di condurre i suoi esperimenti. Le sembra un modo valido di considerare il suo lavoro?

Piaget: Quel che lei dice è giusto.

Evans: Così, girando per il suo laboratorio, osservando

(come io ho fatto) il lavoro di alcuni suoi studenti, si può notare il loro grande rispetto per il naturale potenziale sperimentale del bambino e vedere come stiano creandosi l'opportunità di osservare questo comportamento sperimentale. In questo modo, lei esercita i suoi studenti a rispettare il bambino come naturale sperimentatore.

Piaget: Esatto.

Evans: Si può trovare un parallelo a questa nozione di bambino-sperimentatore nella più antica letteratura psicologica. La «curiosità» veniva in essa generalmente trattata come un motivo dominante. Lei considererebbe questa naturale curiosità come di fatto una cosa importante per il processo dello sviluppo umano?

Piaget: Sì, certo. Ma si tratta di una curiosità che passa attraverso vari gradi. Nel senso che quando è risolto un problema, se ne aprono altri nuovi, che sono nuove strade per la curiosità. Dobbiamo seguire questo svolgersi di problemi non lasciando al bambino le briglie completamente sciolte, ma neanche incanalandolo troppo strettamente.

Evans: Volendo fare qui un parallelo, si può dire che Freud veda l'organismo dopo la nascita come un animale alla ricerca, in primo luogo, di soddisfare i bisogni biologici, spesso inconsci. Anche lei vede l'organismo in cerca di soddisfare in primo luogo un bisogno ma, focalizzando l'attenzione sulla curiosità, lei tratta di un bisogno apparentemente più razionale.

Piaget: Sì, ma ritengo che ci sia una transizione tra il soddisfacimento biologico e il soddisfacimento intellettuale. Poiché gli organi di senso e la motricità aprono un campo di attività per l'organismo, i bisogni biologici assumono un aspetto di implicita curiosità che va crescendo ed espandendosi. Possiamo constatarlo già nei primati; gli scimpanzè, ad esempio, dimostrano curiosità intellettuale.

Una volta uno dei miei figli stava nel suo box (il fatto accadde quando era al livello senso-motorio, assai prima della comparsa del linguaggio) e io gli porsi un oggetto posto nel senso orizzontale, in modo che se egli provava semplicemente a tirarlo verso di sé veniva bloccato dalle sbarre del box. Provò in varie posizioni e finalmente riuscì a tirarlo dentro, ma fu per un puro caso e lui non fu soddisfatto. Mise di nuovo l'oggetto fuori del box e provò di nuovo a tirarlo dentro, continuando a provare fino a quando non capì come doveva girarlo per farlo passare attraverso le sbarre.

Non era stato soddisfatto solo dal fatto di essere riuscito a farlo passare: non fu soddisfatto fino a che non ebbe capito come doveva fare.

Evans: Il fatto che il bambino sia, in un certo senso, più interessato dall'operazione che dal risultato di essa, mi sembra esser una parte importante della sua teoria. Il bambino vuole studiare questo processo operativo e non è semplicemente soddisfatto dal risultato finale.

Piaget: Sì, ma ad un certo livello.

Evans: Un'altra domanda che mi pare sia affascinante, se guardiamo alle sue ricerche, dott. Piaget, è quella di come lei stesso abbia cominciato a lavorare con i bambini. Lei ha detto un momento fa di aver osservato i suoi figli. Ma riandando ai primi momenti del suo lavoro con i bambini e al tentativo di svilupparne alcune di queste idee, come ci è arrivato? Le ci sarà voluto del tempo per sviluppare la metodologia. Ma guardando indietro, agli inizi veri e propri delle sue esperienze, quali sono state le cose che ha sbagliato quando ha iniziato a lavorare con i bambini?

Piaget: Oh, i miei errori! Credevo troppo nel linguaggio, per esempio. Facevo parlare i bambini invece di fare esperimenti.

Evans: È una cosa molto importante. In altre parole, fin dall'inizio lei ha cominciato a vedere le limitazioni che comportava la sopravvalutazione del linguaggio.

Piaget: Non proprio fin dall'inizio; non mi resi conto di ciò fino a che non ebbi dei figli e non vidi ciò che essi facevano prima di imparare a parlare.

Evans: Tornando agli inizi della sua attività, è chiaro che con il suo retroterra di epistemologo e con la sua eccezionale preparazione in biologia e in matematica, quando lei ad un tratto cominciò ad occuparsi di bambini, di bambini veri, non si trattò più di stare in poltrona, non si trattò più di lavorare con animali o con teoremi, si cominciò a fare cose con i bambini. Come reagirono i suoi colleghi? Non pensarono che fosse un modo un po' strano di comportarsi per un filosofo da scrivania o per uno scienziato da laboratorio?

Piaget: I miei colleghi furono sconvolti. Un vecchio botanico amico mio disse: «Sei perduto per la scienza!». Ma dopo che gli ebbi raccontato che cosa stavo facendo si entusiasmò e disse: «Oh, se fossi uno psicologo!».

Evans: Si è mai scoraggiato, all'inizio del suo lavoro? In altre parole, lei si stava muovendo in un campo nuovo e rivoluzionario, stava assumendo problemi epistemologici, che erano sempre stati trattati a tavolino, per provare a sottoporli a test empirici. Cominciò subito a rendersi conto che questo la stava conducendo a risultati validi o si è, all'inizio, qualche volta scoraggiato?

Piaget: No, mai.

Evans: Passando ad un altro argomento, penso che uno dei problemi della psicologia generale sia quello dei modelli universali nell'individuo, in opposizione ai modelli che si sviluppano attraverso la cultura. Nei suoi stadi di sviluppo vedo che lei parla di universali, cioè di cose che sono caratteristiche delle strutture cognitive di tutti gli organismi umani e vuole probabilmente intendere, in realtà, che quegli universali sono reperibili in ogni singola cultura.

Piaget: Sì.

Evans: Perciò, in un certo senso, quando si parla di relativismo culturale, dell'effetto che la cultura può avere nella formazione di un individuo, lei non è del tutto contrario all'idea, ma intende dire che tutte le culture si trovano in contatto nell'ambito di una struttura universale di sviluppo.

Piaget: Sarei di questo parere. Come Durkheim (1953), io credo che sotto «le società» ci sia «la Società», cioè alcuni meccanismi comuni di scambio e di cooperazione che si possono trovare in tutte le società.

Evans: Così, ciò che lei sta affermando è che tutte le società hanno certe caratteristiche unitarie e che tutti gli individui nel loro sviluppo cognitivo hanno caratteristiche universali. Cosicché, a parte le influenze che una data cultura ha su un individuo, si ha realmente un numero finito di permutazioni e di combinazioni.

Piaget: Non so se si tratta di un numero finito; penso che ci siano transizioni tra il nucleo comune e le variazioni, ma per lo meno c'è un nucleo comune.

Evans: In altre parole, lei sta dicendo che la cultura potrebbe avere l'effetto di accelerare o decelerare gli stadi. E' esatto?

Piaget: Sì, ma può anche avere l'effetto di diversificare.

Evans: Seguiamo per un momento questa idea: supponiamo di poter stimolare il progresso degli stadi cognitivi fino al punto di raggiungere un processo ideale di sviluppo. Sarebbe questo un mezzo per sviluppare individui altamente creativi? In altre parole, non si sa molto della creatività. Si può intervenire sul sistema di sviluppo cognitivo con qualche mezzo derivante dalla sua ricerca, allo scopo di incrementare la probabilità di produrre un individuo altamente creativo?

Piaget: Sì, certamente.

Evans: In questo senso, chi definirebbe lei un individuo creativo?

Piaget: Colui che costruisce una struttura non preesistente né nel patrimonio ereditario né nell'ambito sociale né nell'ambiente fisico.

Evans: Nel 1920 un certo psicologo a nome Piaget improvvisamente cominciò a studiare i bambini. Può essere considerato creativo?

Piaget: No. Si trattava solo di un'apertura di possibilità o di nuove combinazioni.

Evans: E le nuove combinazioni non sono creative?

Piaget: Se sono contenute nelle possibilità di ciò che viene immediatamente prima, non sono creative.

Evans: Su questo mi devo dissociare da lei, dott. Piaget. Io credo che il suo lavoro non sia soltanto creativo, ma produca creatività, se si deve giudicare dalla quantità di nuove ricerche che ha stimolato. Infine, dott. Piaget, mi stavo chiedendo come reagisce al fatto di essere in mezzo a due discipline. Da una parte i filosofi e gli epistemologi non capiscono bene la direzione del suo lavoro e dall'altra molti psicologi incontrano grosse difficoltà a capire pienamente la sua opera. Lei che cosa fa, in una situazione del genere?

Piaget: Aspetto.

PARTE SETTIMA

IL MODELLO PIAGETTIANO DI SVILUPPO COMPARAZIONE CON SKINNER, FREUD ED ERIKSON

Si analizza qui in modo più dettagliato il modello piagettiano di sviluppo intellettuale, cercando inoltre di definire alcune delle parole-chiave e alcune delle frasi che Piaget usa, al fine di fornire al lettore un piccolo glossario. Vengono inoltre comparate le vedute di Piaget con quelle di Skinner, Freud ed Erikson.

R.I. EVANS, W.J. KROSSNER, H.J. GINSBURG

IL MODELLO PIAGETTIANO DI SVILUPPO COMPARAZIONE CON SKINNER, FREUD ED ERIKSON

Come ci si poteva aspettare a causa della vasta portata del pensiero teoretico di Piaget, c'era, nell'impresa del dialogo Evans-Piaget, l'intenzione di fare un esame progressivo della organizzazione dello sviluppo del pensiero e della conoscenza. L'analisi di Elkind all'inizio del libro, l'affascinante autobiografia di Piaget e il suo articolo che delinea lo sviluppo della «epistemologia genetica», forniscono al dialogo una notevole base. Ciononostante, può essere utile per il lettore che si puntualizzino alcuni aspetti del pensiero di Piaget che nel dialogo sono più specificamente presentati. Pertanto, questa parte del libro ha un triplice proposito: 1, fornire uno schema generale della teoria di Piaget intorno allo sviluppo intellettuale; 2, fornire al lettore, nel contesto di questo schema, il glossario necessario a chiarire ulteriormente i termini più tecnici del dialogo; 3, fare una breve comparazione tra le vedute di Piaget e quelle di B.F. Skinner, S. Freud, E. Erikson, che nel dialogo sono stati citati varie volte. Questa ultima parte e proposta al lettore affinché possa familiarizzarsi con almeno qualcuno delle affinità e dei contrasti che ci sono nelle teorie di studiosi che tanti contributi hanno dato allo sviluppo della psicologia contemporanea. Può anche accadere che il lettore desideri di prendere in esame i volumi già pubblicati nella stessa serie, e che trattano di altri importanti psicologi. In tal modo, ed esaminando risposte e domande simili a quelle qui poste a Piaget, egli potrà crearsi un punto di partenza per un'ulteriore comparazione (Evans, 1964, 1966, 1968, 1969a, 1969c, 1971).

Come risulta evidente dal dialogo, la concezione piagettiana di intelligenza costituisce il fondamento essenziale del lavoro di Piaget. Sono state le sue riserve a proposito delle prime ricerche sull'intelligenza che lo hanno portato a formulare alcune delle sue idee più originali.

La crescita intellettuale è stata ampiamente definita da Piaget nei termini di adattamento biologico. L'intelligenza è vista come un sistema aperto che, per raggiungere la conoscenza, si estende nell'ambiente ma che tende anche a chiudersi nei termini di struttura mentale, inglobando caratteristiche organizzative già esistenti. È quindi un processo evolutivo che oscilla tra apertura (consistente nel trasformare strutture già esistenti in risposte all'ambiente) e chiusura (consistente nell'incorporare in strutture attributi dell'ambiente) in modo da raggiungere un *equilibrio* omeostatico (Nash, 1970). Attraverso i processi complementari di assimilazione e di accomodamento è raggiunto lo stato di equilibrio. *L'assimilazione* consiste nell'incorporare eventi nuovi nelle strutture cognitive preesistenti. *L'accomodamento* consiste nella trasformazione di una struttura già esistente in risposta all'ambiente. La crescita intellettuale è così vista come una risoluzione di tensioni tra assimilazione e accomodamento. È un processo attivo e organizzato di assimilazione del nuovo al vecchio e di accomodamento del vecchio al nuovo (Flavell, 1963).

Una volta che sia stato raggiunto un equilibrio dinamico tra assimilazione e accomodamento, questo persiste per un certo tempo e prende il nome di stadio di sviluppo intellettuale. Ad ogni stadio segue un altro stadio che offre una possibilità maggiore di funzionamento intellettuale e di padronanza dell'ambiente.

Piaget usa, come tecnica sperimentale per studiare lo sviluppo della capacità intellettiva, un particolare tipo di intervista o il metodo clinico. Le domande sono formulate in rapporto ai materiali concreti mostrati al bambino, i quali sono manipolati sia dallo sperimentatore che dallo stesso bambino. Le domande che riguardano i problemi derivanti da tale manipolazione dei materiali sono stabilite in modo flessibile e non standardizzato. Dalla manipolazione e dalle risposte lo sperimentatore può dedurre quali operazioni cognitive il bambino sta impiegando. Piaget usa solitamente questo metodo con materiali semplici, come, per esempio, bicchieri d'acqua, manipolati in modo ingegnoso, per determinare le capacità cognitive e i processi dei bambini ai diversi stadi.

IL MODELLO DI SVILUPPO DI PIAGET

Come Piaget ha già indicato nell'intervista, il suo modello

di sviluppo consiste in quattro grandi periodi di sviluppo intellettivo.

1. Periodo senso-motorio (dalla nascita ai due anni).

Durante il periodo senso-motorio, l'infante parte da un livello neonatale, di puro riflesso, caratterizzato dalla completa assenza di differenziazione sé-mondo (l'infante non distingue se stesso dal resto del mondo), per giungere ad una organizzazione relativamente coerente che lo rende capace di azioni senso-motorie entro i suoi ristretti limiti ambientali. Questa organizzazione è esclusivamente pratica e comporta semplici aggiustamenti percettivi e motori ai fenomeni circostanti, piuttosto che la loro manipolazione simbolica. Piaget descrive sei sottostadi principali di questo periodo. Essi riflettono, evolvendosi impercettibilmente, le transizioni organizzative per quei semplici aggiustamenti percettivi e motori, fino a che, alla fine del periodo senso-motorio, è raggiunta una rudimentale capacità di simbolizzare azioni o eventi.

Il primo stadio, quello dei *riflessi* (dalla nascita a un mese), comporta una crescente efficienza nel funzionamento dei riflessi innati. È importante notare come una delle principali considerazioni di Piaget sul comportamento dei riflessi in questo stadio sia che, perfino queste forme basilari di adattamento, non sono meramente provocate da una stimolazione esterna diretta. Ma è piuttosto l'infante (come creatura attiva più che passiva) che dà spesso inizio a questa attività. Durante il secondo stadio dello sviluppo senso-motorio (da due a quattro mesi), avvengono le *reazioni circolari primarie.* Esse sono azioni non intenzionali e spontanee centrate sul corpo del bambino (perciò sono state chiamate primarie) che vengono ripetute più e più volte (perciò sono state chiamate circolari) fino a che si rafforza e si stabilisce l'adattamento. Il comportamento nel secondo stadio, quindi, è caratterizzato dalla comparsa della ripetizione di atti semplici. Tali atti sono inintenzionali e fine a se stessi. Esempi di reazione circolare primaria possono essere la ripetitiva suzione del pollice o l'azione ripetuta di tastare una coperta. Gli altri quattro stadi del periodo senso-motorio sono caratterizzati da una crescente intenzionalità da parte dell'infante. Nel terzo stadio (dai quattro agli otto mesi) è di estrema importanza lo sviluppo delle *reazioni circolari secondarie.* Durante questo stadio si estende la consapevolezza dell'ambiente esterno da parte del bambino. Le sue reazioni più che incentrarsi primariamente su azioni corporali, implicano ora la manipolazione di eventi o di oggetti dell'ambiente esterno. Reazioni di questo tipo sono state perciò chiamate secondarie. L'attività, durante tale stadio, è caratterizzata ancora una volta dalla circolarità (le azioni sono ripetute più e più volte). Tuttavia, le reazioni non sono ripetute solo come fine a se stesse, ma per un interessante effetto di stimolo creato da qualche attività particolare. Dalla ripetizione di queste azioni (scoperte per caso) vengono appunto ottenuti risultati interessanti, tali da spingere alla produzione di nuove alterazioni dell'oggetto o dell'evento esterno. Un esempio di reazione circolare secondaria potrebbe essere costituito da un infante che agita ripetutamente le braccia allo scopo di imprimere movimento ad un giocattolo sospeso sopra la sua culla. Il quarto stadio senso-motorio (dagli otto ai dodici mesi) implica la coordinazione delle reazioni secondarie. I mezzi e i fini sono chiaramente differenziati; per la prima volta il comportamento dell'infante è di natura veramente intenzionale e il bambino comincia a risolvere problemi semplici. *Schemi* non preventivamente associati di azione (uno schema è una risposta generale usata per risolvere un problema particolare), sono associati in modo nuovo. L'infante applica uno schema come mezzo per raggiungere uno scopo; un altro schema familiare è impiegato per instaurare un comportamento nei confronti dello scopo, una volta che questo è stato raggiunto. Questa nuova coordinazione di reazioni secondarie è resa possibile grazie alla capacità dell'infante di generalizzare o di trasferire uno schema usato come mezzo oltre la situazione nella quale era stato originariamente utilizzato.

Durante il quarto stadio avviene la progressiva differenziazione tra sé e il mondo. Viene stabilita la *permanenza dell'oggetto.* Se l'infante osserva un oggetto che successivamente viene sottratto alla sua vista, arriva a capire che questo oggetto ha ancora una esistenza obiettiva anche al di fuori della sua azione. L'esempio seguente può chiarire la marcata intenzionalità delle azioni e il concetto di permanenza dell'oggetto che caratterizza il quarto stadio senso-motorio. Immaginiamo un infante che guarda il suo giocattolo preferito e che questo, lentamente, venga ricoperto con un panno. Piaget afferma che un infante nel terzo stadio dello sviluppo senso-motorio, quando l'oggetto è completamente nascosto, non riconosce più la oggettiva esistenza dell'oggetto; per esso l'oggetto è allora «fuori dalla vista, fuori dalla mente». Data la stessa semplice situazione, un infante nel quarto stadio è sufficientemente capace di comprendere l'esistenza indipendente del giocattolo. Entrambi gli infanti possono arrivare a tirare via il panno dall'oggetto: l'infante del terzo stadio lo fa probabilmente solo per osservare il movimento del panno (essendo il movimento uno stimolo già in sé interessante); dopo che il panno è stato tirato via dal giocattolo, l'infante del terzo stadio può magari scoprire accidentalmente la «nuova esistenza» dell'oggetto e mettere in atto una reazione secondaria cercando di raggiungerlo. Al contrario, l'infante nel quarto stadio del periodo senso-motorio ha chiaramente in mente il giocattolo dall'inizio e non vi incappa per caso. Il panno che copre l'oggetto è percepito come un ostacolo che non permette il diretto raggiungimento della meta. Il tirare il panno è usato come mezzo per raggiungere la meta desiderata; diversamente dall'attività del terzo stadio, il movimento del panno non è fine a se stesso. L'azione di tirare il panno serve come mezzo per raggiungere un fine. Esso è posto in relazione e coordinato con l'azione finale di raggiungere l'oggetto. Questa capacità di combinare unicamente schemi di azione precedentemente non connessi (usando uno schema come mezzo per raggiungere lo scopo ed il secondo schema per entrare in relazione con lo scopo stesso) in una relazione mezzo-fine, costituisce, da parte dell'infante, la base di una semplice attività di soluzione del problema. Il concetto di permanenza dell'oggetto non è, nel quarto stadio, pienamente articolato. L'infante del quarto stadio incontra considerevoli difficoltà se i movimenti di un oggetto sono complessi o se l'oggetto viene spostato nello spazio dall'area nella quale era stato inizialmente nascosto. Se un giocattolo viene ad esempio ripetutamente nascosto sotto un cuscino, l'infante del quarto stadio lo cercherà. Ma se l'oggetto viene poi nascosto sotto un secondo cuscino, l'infante lo continuerà a cercare sotto il primo, anche se ha visto chiaramente che il giocattolo veniva nascosto sotto il secondo. È come se il posto o la posizione che erano associati con i precedenti felici tentativi di scoprire l'oggetto celato alla vista, fossero un attributo dell'oggetto stesso.

Durante il quinto stadio del periodo senso-motorio (dai dodici ai diciotto mesi), l'infante diviene consapevole che un oggetto può essere spostato nello spazio conservando l'idea della permanenza di esso. La costanza di un oggetto è quindi più saldamente stabilita; la permanenza è ora qualcosa di distinto dal passato successo dell'infante nel trovare un oggetto in un posto particolare. Un altro aspetto del quinto stadio è lo sviluppo delle *reazioni circolari terziarie.* Queste reazioni sono definite in termini di metodi più concreti e avanzati di esplorazione di oggetti nuovi o di eventi ambientali, per mezzo di nuove sperimentazioni. L'interesse per la novità in se stessa è l'attributo primario di una reazione circolare terziaria.

Attraverso attive sperimentazioni per prove ed errori, l'infante scopre nuovi mezzi per raggiungere uno scopo. Laddove nel quarto stadio il comportamento che conduceva ad uno scopo era piuttosto stereotipo, l'infante del quinto stadio cerca attivamente e sperimenta mezzi nuovi per raggiungere un particolare fine. Non solo egli si fida delle attività che precedentemente si sono dimostrate capaci di successo, ma si accosta al problema per nuove vie: non si limita a muovere con le mani un cuscino per raggiungere un giocattolo nascosto, ma tenta nuove strade. Può tentare di spingere via il cuscino con un piede o può cercare di farlo per mezzo di un bastone. Il bambino del quinto stadio non inizia una azione al solo scopo di ottenere il risultato desiderato: l'azione viene iniziata in modo che possano essere completamente esplorate le relazioni mezzi-fine. L'infante è interessato a nuove varianti ed a come queste varianti agiscono sull'oggetto o sulla sua abilità ad ottenere l'oggetto.

Il sesto stadio (dai diciotto ai ventiquattro mesi) è caratterizzato dalla transizione da un'azione evidente ad una rappresentazione mentale nascosta. Il bambino è in grado di utilizzare simboli mentali per riferirsi ad oggetti assenti dall'ambiente immediatamente circostante. Diminuisce la coazione dell'esperienza immediata come requisito per una attività intenzionale. Durante questo stadio il bambino è capace di *imitazione differita,* di riprodurre a memoria cioè il comportamento di un modello assente: di rappresentare il modello assente per mezzo di alcune forme simboliche. L'infante, in questo stadio finale dello sviluppo senso-motorio, è capace di *sperimentazione interiore,* una esplorazione mentale interiorizzata delle relazioni tra modi e mezzi. In altre parole, con l'avvento della rappresentazione mentale e della invenzione il bambino è in grado di simbolizzare azioni o eventi prima che questi producano realmente qualche comportamento particolare. Le soluzioni ai problemi sono considerate in termini di dimensione mentale piuttosto che fisica. Durante questo ultimo stadio del periodo senso-motorio il concetto di permanenza dell'oggetto è stabilito in modo più chiaro. Il bambino ora cercherà un oggetto spostato nello spazio dove questo è scomparso l'ultima volta piuttosto che dove era stato nascosto l'ultima volta. Ciò indica che il bambino riconosce il fatto che un oggetto può essere spostato e continuare a mantenere la sua oggettività.

2. Il periodo preoperazionale (dai due ai sette anni).

Lo *stadio preconcettuale* (dai due ai quattro anni di età) è la prima delle suddivisioni del periodo preoperazionale. Evolvendosi dall'ultimo stadio del periodo senso-motorio, la genesi del pensiero per concetti avviene appunto nel periodo preconcettuale. Durante questo stadio il bambino sviluppa capacità linguistiche e abilità a costruire simboli; comincia a distinguere tra *significanti* (parole e immagini che significano eventi oggettivi o oggetti) e *significati* (eventi percettivamente assenti ai quali si riferiscono quelle parole o immagini). Il bambino è capace di distinguere «papà che si mette il cappotto» (significante) e il concetto del «papà che si mette il cappotto», riferito all'evento ancora percettivamente assente del papà che esce (significato). L'apparire della funzione simbolica (uso dell'immagine mentale, del simbolo, della parola o di un oggetto che significa o rappresenta un evento che non è immediatamente presente) libera il bambino dall'agire su fatti fisicamente presenti nell'immediato ambiente circostante. La funzione simbolica consente al bambino di applicare l'esperienza passata agli eventi presenti.

Altra fondamentale caratteristica di questo stadio è che l'imitazione si fa meno esteriore, viene maggiormente interiorizzata. Diviene evidente, durante questo periodo, la presenza dell'immaginazione; il bambino sviluppa la sua abilità a trattare gli oggetti come simboli di cose diverse da quello che sono in sé (può usare una scopa come cavallo immaginario o una scatoletta come ricevitore del telefono). Durante questo stadio il bambino comincia a sperimentare sempre più le rappresentazioni mentali del mondo esterno e delle sue proprie azioni.

Tuttavia molte caratteristiche del pensiero nello stadio preconcettuale differiscono sensibilmente dai processi più tardi e più maturi. Il bambino a questo livello, ad esempio, non è in grado di formulare una serie di regole che gli consentano di includere un oggetto in una classe specifica di oggetti. Piaget definisce *sincretismo* questa tendenza a raggruppare eventi o oggetti in un insieme confuso. Per esempio, invece di usare regole classificatorie di un insieme (l'insieme degli oggetti impiegati come utensili per cucinare) per definire quali oggetti particolari appartengono alla cucina, il bambino nello stadio preconcettuale non cerca di determinare attributi particolari che siano comuni ad una serie di oggetti, ma classifica insieme oggetti che non hanno rapporto tra loro (biscotti, una donna, un orologio a muro, i fiammiferi, ecc., sono raggruppati insieme ed etichettati «cucina»). Il pensiero preconcettuale è anche *egocentrico:* il bambino pensa solo secondo il suo punto di vista e non possiede la capacità di assumere il ruolo di un altro individuo. È anche incapace di valutare criticamente i suoi pensieri (ad esempio, il bambino non pensa ai suoi pensieri né tenta di prendere in considerazione le possibili contraddizioni dei suoi processi di pensiero).

Il pensiero, durante lo stadio concettuale, tende anche ad essere *centralizzato:* il bambino si concentra su un particolare aspetto o su una dimensione di una serie di stimoli. Non considera mai simultaneamente le varie dimensioni di un problema: mentre centra un aspetto particolare di un evento, sorvola o trascura altre sue dimensioni rilevanti. Non combina mai le singole caratteristiche integrandole in un disegno multidimensionale.

Lo *stadio intuitivo* è il secondo del periodo preoperazionale e va dai quattro ai sette anni circa. È un periodo di preparazione allo stadio delle operazioni concrete. Durante questo stadio vengono costruiti pensieri e immagini più complessi di quelli del periodo precedente e il bambino sviluppa progressivamente la sua capacità di concettualizzazione. Si stabilisce un rudimentale concetto di classificazione basato però su somiglianze colte mediante la percezione piuttosto che su considerazioni logiche o di relazione. Per esempio, una stella marina non viene classificata in base ad una comparazione filetica; può essere classificata come una roccia o una pietra in base alla sua percepita somiglianza con tali oggetti. Il pensiero, in questo stadio, è ancora largamente legato al contesto delle esperienze percettive del bambino. La sua comprensione degli eventi è ancora ampiamente dominata da una incapacità a percepire nello stesso momento più di una dimensione saliente di una situazione.

Un altro aspetto critico del pensiero nel periodo preoperazionale è la sua *irreversibilità.* Il pensiero irreversibile è definito come una incapacità a considerare una serie di operazioni inverse che possono reinstaurare una situazione originaria. Gli esperimenti classici di Piaget, che dimostrano l'incapacità del bambino al livello preoperazionale a capire il fenomeno della *conservazione* (che cioè la quantità di liquido e la massa o il numero degli oggetti di un insieme resta invariato anche se vi sono trasformazioni percettive), serve a caratterizzare molti dei processi dominanti di pensiero dei bambini durante questo intero periodo. Alcune qualità del pensiero preoperazionale rendono impossibile ad un bambino di questo livello riconoscere che una quantità di acqua resta costante (si conserva) malgrado la diversità della forma del contenitore in cui l'acqua è versata. Se l'acqua è versata in due bicchieri identici e raggiunge in tutti e due lo stesso livello, il bambino capirà prontamente che la quantità d'acqua nei due bicchieri è la stessa. Se l'acqua di un bicchiere viene poi versata in un bicchiere più alto e più stretto (in modo che nel nuovo recipiente il livello dell'acqua sia più alto) il bambino dello stadio preconcettuale del periodo preoperazionale insisterà col dire che il bicchiere più alto e più stretto contiene più acqua. Può darsi che il bambino dello stadio preconcettuale difetti dell'idea di conservazione perché si occupa solo di un aspetto saliente del problema (l'altezza del liquido nelle colonne d'acqua), trascurando fatti ugualmente importanti, cioè che il secondo recipiente differisce dal primo in larghezza, oltre che in altezza. Focalizzando l'attenzione percettiva su una dimensione alla volta, il bambino è incapace della coordinazione simultanea di due o più attributi dimensionali del problema.

Può darsi che i bambini del secondo stadio (intuitivo) del periodo preoperazionale difettino dell'idea di conservazione perché la loro capacità di definire concetti astratti, come la quantità, è limitata agli attributi del problema che possono essere colti attraverso la percezione. Il bambino dello stadio intuitivo può intuitivamente stabilire una uguaglianza tra l'«altezza» e il suo concetto di quantità («più»). Così, il livello del liquido nei due recipienti determina il concetto di quantità del bambino. In ogni caso, il pensiero è marcato dalla sua irreversibilità. Il bambino del periodo preoperazionale è inconsapevole che esista una operazione che possa reinstaurare la situazione originaria. Non ha la cognizione del fatto che se l'acqua del recipiente più alto e più stretto viene versata di nuovo nel primo dei recipienti identici, essa raggiungerà di nuovo la sua altezza originaria.

Ovviamente questi processi di pensiero, quali la centralizzazione e l'irreversibilità, sono fortemente correlati. Ad esempio, un bambino del periodo preoperazionale può vedere che quando l'acqua è versata di nuovo nel contenitore originale (operazione inversa) raggiunge un'altezza uguale a quella dell'altro identico contenitore. Il bambino può allora accorgersi che la quantità d'acqua nei due bicchieri è uguale; tuttavia, quando avviene una nuova trasformazione (ad esempio quando l'acqua è versata nel bicchiere alto e stretto), per una ragione o per l'altra, il bambino, al livello preoperazionale, perde di vista questa operazione inversa; non la prende in considerazione e continua a fare assegnamento sulle caratteristiche percettive più evidenti.

3. Periodo delle operazioni concrete (dai sette agli undici anni).

A partire dalla nascita, le attività mentali dominanti sono passate dalle azioni evidenti (nel periodo senso-motorio) alle percezioni (nel periodo preoperazionale), alle operazioni intellettuali (nel periodo delle operazioni concrete). Queste operazioni avvengono all'interno della struttura di ciò che Piaget chiama *mobilità* del pensiero: la capacità di spiegare la reversibilità, di decentrare, di assumere il punto di vista altrui e di concettualizzare le relazioni di classe. Durante il periodo delle operazioni concrete il bambino getta le basi del pensiero logico, che si identifica col successivo e ultimo periodo dello sviluppo intellettuale.

Ci sono molte differenze tra il bambino del precedente periodo e quello del periodo delle operazioni concrete. Per quanto riguarda lo stesso problema della conservazione, rispetto ai bambini nel periodo preoperazionale, i bambini nel periodo delle operazioni concrete comprendono l'idea che la quantità resta invariata malgrado le trasformazioni colte attraverso la percezione. Il pensiero del bambino in questo stadio è caratterizzato dalla comprensione delle operazioni inverse. Così il bambino può adesso rispondere correttamente a domande sulla conservazione del liquido affermando che «la quantità d'acqua (dopo la trasformazione) è ancora la stessa, perché si può versarla nuovamente dal bicchiere stretto e alto in quello di partenza e il livello dell'acqua nei due bicchieri identici sarà ancora lo stesso».

Un'altra differenza tra il pensiero preoperazionale e quello del livello delle operazioni concrete è che il bambino nel periodo delle operazioni concrete ha sviluppato un concetto chiaramente definito di classe e classificazione. Lo sviluppo della abilità a pensare simultaneamente a relazioni parte-tutto è una componente di questa nuova capacità che si è stabilita. Ad esempio, se ai bambini nello stadio preoperazionale sono mostrate otto caramelle gialle e quattro marroni e viene loro chiesto: «Ci sono più caramelle gialle o più caramelle?». Probabilmente essi risponderanno: «Più caramelle gialle». I bambini al livello delle operazioni concrete probabilmente resteranno perplessi di fronte ad una domanda così assurda ed eventualmente risponderanno dicendo: «Ci sono più caramelle (totali) che caramelle gialle». La loro risposta a questa domanda indica una chiara differenziazione tra parti e tutto, una capacità di ragionare simultaneamente sulle relazioni parte-tutto e una conoscenza che sottoclassi di elementi (caramelle gialle e marroni) possono essere incluse in categorie più ampie (caramelle in generale). Le altre differenze più notevoli tra periodo preoperazionale e periodo del pensiero operazionale concreto sono le seguenti.

1. La capacità di utilizzare termini relazionali. Il bambino nello stadio preoperazionale guarda a espressioni relazionali come «più scuro» o «più grande» in termini di attributi assoluti di oggetti in opposizione ad attributi relativi. «Più scuro» significa «molto scuro», non più scuro di un altro oggetto; «più grande» significa «molto grande» in contrasto con il concetto relativo di più grande di un secondo o di un terzo oggetto. Il bambino è in grado, durante il periodo delle operazioni concrete, di vedere oggetti o avvenimenti in modo relativo. Dato il problema «se A è più piccolo di B e B è più piccolo di C, A è più piccolo di C?», il bambino nel periodo delle operazioni concrete ha la capacità di risolvere il problema considerando i rapporti relativi tra ciascuno degli oggetti materiali.

2. Il bambino in questo periodo possiede la capacità di ordinare gli oggetti secondo alcune dimensioni qualitative come il peso, la grandezza, la scala ordinale. Piaget chiama *seriazione* questa capacità concettuale. La seriazione è fondamentale per la comprensione del fatto che la relazione d'un numero ha con gli altri ed è un requisito preliminare per lo sviluppo del pensiero matematico.

3. Il bambino nel periodo delle operazioni concrete è anche

capace di utilizzare una rappresentazione mentale di una serie di atti. Il bambino nello stadio precedente può essere in grado di coprire una breve distanza per andare a scuola se sa i punti precisi in cui deve voltare a destra o a sinistra, ma non ha il concetto dell'insieme della strada che fa quando va a scuola. Il bambino nel periodo delle operazioni concrete è capace di progettare l'intera serie di operazioni che gli sono necessarie per andare a scuola: è capace di concettualizzare in anticipo l'itinerario.

Le operazioni concrete sono strutturate e organizzate in termini di fenomeni veramente concreti (eventi che generalmente si verificano nell'immediato presente). La considerazione della potenzialità (del modo cioè in cui è possibile che gli eventi si producano), o il riferimento a eventi o a situazioni future è piuttosto limitata. È questo approccio concreto alla realtà che differenzia il periodo delle operazioni concrete dal periodo finale dello sviluppo intellettuale.

4. Periodo delle operazioni formali (dagli undici ai quindici anni).

Questo periodo copre l'età dagli undici ai quindici anni. L'attributo più generale del pensiero formale è la comprensione che la realtà è solo una di una serie di infinite possibilità. Il ragionamento dell'adolescente è *ipotetico-deduttivo;* egli comincia con la considerazione di un dato problema in termini di concettualizzazione di tutte le relazioni che possono verificarsi (una serie di ipotesi possibili). Poi, attraverso un processo di sperimentazione combinato con l'analisi logica, ogni singola ipotesi viene confermata o respinta. La capacità di produrre tutte le possibili ipotesi risolutive e poi di verificare la validità d'ognuna di esse attraverso una analisi logica è la caratteristica del periodo delle operazioni formali.

A questo livello il pensiero è soprattutto *proposizionale.* L'adolescente manipola i dati grezzi nei quali si imbatte in relazioni organizzate o proposizioni e successivamente elabora connessioni logiche tra di essi. Inoltre il pensiero operazionale formale è interproposizionale, implica cioè le relazioni logiche tra le proposizioni formate dai dati grezzi. Piaget si riferisce a queste operazioni come ad operazioni di secondo ordine, o operazioni sulle operazioni.

L'individuo al livello di pensiero operazionale formale è

in grado di usare, per risolvere problemi specifici, un'*analisi combinatoria.* Supponiamo di dare a qualcuno quattro secchi di vernice, ognuna di un diverso colore. Il problema consiste nel combinare due di questi colori allo scopo di creare un colore unico. L'individuo nel periodo delle operazioni formali capisce che può combinare il colore numero uno con il colore numero due, il numero uno con il numero tre, il numero uno con il numero quattro, il numero due con il numero tre, ecc. Prende cioè in considerazione tutte le possibili combinazioni. Dato lo stesso problema, il bambino nel periodo delle operazioni concrete non è in grado di prendere in considerazione tutte le possibilità, ma solo quelle che sono in relazione con il presente tangibile. Di conseguenza questo bambino considererà solo, ad esempio, la combinazione dei secchi uno e due, due e tre e tre e quattro.

L'adolescente ha anche la capacità di applicare *regole semplificanti* come operazioni di ordine più alto per arrivare alla soluzione di un problema. Supponiamo, ad esempio, che ad un individuo sia presentata una vasca d'acqua e una gran varietà di oggetti diversi e gli sia richiesto di selezionare quegli oggetti che galleggiano. L'individuo nel periodo delle operazioni formali non è più legato al concreto, non deve mettere ogni oggetto nell'acqua per determinare quale galleggia e quale no; applica invece una regola semplificante. Sa che gli oggetti di legno galleggiano; può quindi determinare sperimentalmente quali degli oggetti che ha di fronte sono di legno, impiegando per far questo prove empiriche. È quindi eliminata la necessità di porre direttamente ogni oggetto nell'acqua. La capacità di impiegare analisi combinatorie e regole semplificanti forma il sostrato fondamentale del pensiero algebrico ed è un requisito assolutamente necessario alla comprensione del ragionamento matematico superiore.

Il dominio della realtà per mezzo della possibilità caratterizza inoltre le relazioni dell'individuo con il futuro. Il pensiero degli eventi futuri diviene bene articolato. L'evento remoto o distante può essere visto nei termini di una serie di possibilità ipotetiche: i processi individuali di pensiero non devono più essere limitati al presente o ai suoi dintorni immediati. Durante il periodo delle operazioni formali viene raggiunta la capacità di pensare in modo approfondito ad eventi futuri.

Una caratteristica finale del pensiero al livello delle operazioni formali può essere sintetizzata da un'osservazione abbastanza frequente negli adolescenti: «Mi sono trovato a pensare al mio futuro, poi ho cominciato a pensare perché stavo pensando al mio futuro, poi ho cominciato a pensare perché stavo pensando a perché stavo pensando al mio futuro». La caratteristica primaria del funzionamento cognitivo durante il periodo delle operazioni formali appare essere l'interesse nei confronti dei meccanismi del pensiero.

Infine, per parlare in termini di interazione sociale, che sono, come indicheremo più avanti, messi non abbastanza in rilievo da Piaget, questi sembrerebbe suggerire che motivazione e valutazione dipendano da ideali ed eventi. E questi ultimi tendono ad essere giudicati sulla base di approssimazioni della situazione teoretica che informa gli ideali. L'adolescente vede i suoi piani e le sue attività in relazione ad un gruppo sociale idealizzato. L'individuo comincia a pensare a se stesso come ad un membro a pieno diritto della società.

COMPARAZIONE CON SKINNER, FREUD E ERIKSON

A mo' di conclusione potrebbe essere interessante presentare brevemente almeno alcune delle differenze tra Piaget, Skinner, Freud e Erikson. Innanzitutto, nella comparazione Piaget-Skinner, il primo mostra di considerare il bambino come un partecipante attivo del processo di sviluppo, mentre Skinner mostra di considerarlo come maggiormente formato dalle contingenze ambientali di rinforzo. In altre parole, Skinner mette in risalto gli aspetti reattivi del comportamento del bambino, per contrapposto alla sua ricerca attiva ed al suo dirigere le risposte. Tenendo presente questo elemento, Piaget sembra considerare i principi della teoria del comportamento troppo meccanici, con una risultante sopravvalutazione dello sviluppo dell'abitudine. E come Skinner non vede la necessità di concetti quali la consapevolezza, l'intenzione e la comprensione, così, per contro, Piaget preferisce tali concetti intellettualistici. Piaget è un teorico degli stadi: è sua opinione che il bambino debba muoversi attraverso i periodi dello sviluppo intellettuale in un ordine costante e che la durata cronologica di ogni periodo sia in linea di massima fissa, per quanto vi possano essere alcuni abbreviamenti o prolungamenti dovuti alla qualità dell'ambiente. Per Skinner non esistono invece strutture necessarie di questo tipo: l'ordine nel quale le cose vengono apprese dipende esclusivamente dall'ordine nel quale esse vengono incontrate e dalle contingenze operative del rinforzo.

Malgrado le differenze appena citate, esistono alcune somiglianze tra Piaget e Skinner. La principale è che i loro metodi sono, almeno in un senso, storici. Cioè a dire: entrambi ritengono che il comportamento venga progressivamente modificato dalle esperienze ambientali, ed entrambi concordano nel ritenere che la direzione modificativa del comportamento è verso una maggiore competenza nel trattare con l'ambiente. Tuttavia Piaget dà maggior valore alla interazione tra la sequenza maturativa intrinseca e l'apprendimento; mentre Skinner centra il suo interesse sull'idea che un appropriato programma di rinforzo cambi semplicemente le probabilità che accadano date risposte.

Se paragoniamo Piaget con Freud, Piaget sembra vedere la teoria psicoanalitica come «una fonte di ipotesi fruttuose». Come ha già detto nel dialogo, Piaget vede anche il suo lavoro nella stessa prospettiva. Un altro punto di parallelismo si trova nel fatto che le nozioni piagettiane di schemi simbolici sono in relazione con le teorie freudiane di processo primario nel pensiero e nei sogni (Baldwin, 1968). Su questo punto l'uno e l'altro hanno usato nozioni teoretiche simili per investigare problemi diversi. Mentre Piaget è interessato ai problemi specifici del pensiero concettuale, Freud era invece grandemente interessato alle modalità con le quali i processi primari interferiscono con la funzione cognitiva. Egli si interessava alla logica peculiare dei sogni e delle nevrosi, che non è dissimile dal pensiero concettuale dei bambini piccoli. Inoltre Freud, come Piaget, pose in rilievo il punto di vista storico, ad esempio mise in chiaro che gli eventi passati influenzano il comportamento presente. Una ulteriore somiglianza tra Piaget e Freud si può riscontrare comparando il freudiano meccanismo di difesa mediante l'identificazione con l'uso piagettiano di imitazione. Sebbene la definizione freudiana di identificazione sia — com'è ovvio — strettamente collegata all'ambito della affettività, mentre per Piaget l'imitazione è un processo più puramente cognitivo, tuttavia ambedue le concezioni pongono in relazione lo sviluppo del comportamento del bambino con un modello presente nell'ambiente.

Altro motivo di analogia può essere considerato l'interesse dei due studiosi allo sviluppo della moralità. L'introiezione dei controlli, effettuati mediante minacce esterne, dei tabu e degli standards, compare nella teoria freudiana dello sviluppo morale, la quale, inoltre, fa riferimento ad un super-Io, che è considerato agente di questa introiezione. Piaget invece tende a considerare la moralità del bambino come qualcosa di più autonomo, risultante da sforzi spontanei per sviluppare un codice morale, nello stesso modo in cui si sviluppano gli altri processi razionali. Il codice morale risulta quindi una consapevolezza interiore relativamente libera da controllo esterno o da standars esterni.

Infine, comparando Piaget ed Erikson, notiamo una quasi totale mancanza di affinità negli interessi rispettivi, dal momento che Piaget è interessato soprattutto all'intelletto e Erikson a considerazioni socio-emozionali. Di conseguenza, è spesso difficile determinare quali siano le idee comuni ad entrambi gli studiosi. Piaget, ad esempio, etichetta il primo stadio della vita come periodo senso-motorio. Secondo Erikson questa fase porta il nome di «fase della fiducia di base». Nei loro rispettivi modelli di sviluppo Piaget ed Erikson usano differenti terminologie descrittive. Diventa così necessario cercare di afferrare, al di là delle variazioni semantiche, le idee essenziali portate avanti in quei modelli. Una chiave per fare ciò può essere l'esame delle vedute di ciascun autore circa l'azione del bambino sull'ambiente o dell'ambiente sul bambino. Piaget ritiene che le strutture cognitive innate vengano stimolate dalle azioni del bambino sin dalla nascita. Erikson considera i fattori socioculturali e biologici come codeterminanti del processo di sviluppo, ma considera piuttosto il bambino come un mero «recipiente» di queste influenze, per parecchi mesi dopo la nascita. Tuttavia, ci sono delle aree di accordo tra questi due teorici. Entrambi concordano che la condizione più favorevole allo studio dello sviluppo del bambino sia il suo ambiente naturale, sebbene abbiano idee diverse circa le metodologie di investigazione e circa il particolare aspetto dello sviluppo (intellettuale per l'uno, socio-emozionale per l'altro) che deve essere posto in rilievo dalla ricerca. Inoltre, entrambi credono fermamente che il bambino abbia la capacità potenziale di superare gli ostacoli che gli vengono posti da se stesso o dal suo ambiente. Naturalmente, come ci si sarebbe potuti aspettare, ciascuno ha una idea differente di come ciò avviene. Piaget, ad esempio, guarda allo sviluppo delle capacità «logiche» del bambino che sta maturando, mentre Erikson appunta l'attenzione sulla crescita della sua sensibilità socio-emozionale.

Come già detto sopra, ambedue i teorici descrivono dettagliatamente lo sviluppo del bambino dalla nascita all'adolescenza e ritengono che la sua giusta crescita, da un livello precedente ad uno più avanzato, sia determinante per dar luogo ad un adulto «giusto».

In conclusione, forse il punto più interessante che emerge dalla comparazione di Piaget con Skinner, Freud ed Erikson, sta nel sottolineare l'importanza che il primo riconosce all'autodeterminazione del bambino fin dalla nascita. Naturalmente, nessuno degli altri tre considera il bambino come completamente passivo. Skinner, per esempio, non potrebbe avere la sua nozione di condizionamento operante se implicasse un soggetto puramente passivo, nel senso del condizionamento classico. Per Skinner, tuttavia, la modifica del comportamento risulta dalle contingenze predeterminate in un ambiente controllato, come ha cercato di dimostrare attraverso l'uso della «scatola di Skinner» con i bambini molto piccoli. Erikson potrebbe sostenere che egli vede il bambino singolo come attivo sull'ambiente ad una età antecedente a quella ammessa da Freud. Tuttavia, essi percepiscono chiaramente il bambino come più soggetto alle vicissitudini biologiche e/o ambientali di quanto non faccia Piaget. Nessuno dei tre sembra vedere il bambino come lo vede quest'ultimo: un essere che fin dalla nascita inizia a sviluppare le sue strutture cognitive sulla base di ciò che fa, spontaneamente, necessariamente e in modo innato.

PARTE OTTAVA

AUTOBIOGRAFIA DI JEAN PIAGET ED ELENCO DELLE SUE PIÙ IMPORTANTI PUBBLICAZIONI

JEAN PIAGET

AUTOBIOGRAFIA

Una autobiografia ha interesse scientifico solo se riesce a fornire al lettore elementi che spieghino l'opera dell'autore. Per questo io mi limiterò essenzialmente agli aspetti scientifici della mia vita.

Una autobiografia ha interesse scientifico solo se riesce a fornire al lettore elementi che spieghino l'opera dell'autore. Per questo io mi limiterò essenzialmente agli aspetti scientifici della mia via.

Molta gente senza dubbio è convinta che una interpretazione retrospettiva, quale può essere una autobiografia, non possa avere valore oggettivo e che sia sospetta di parzialità addirittura più di una relazione introspettiva, ed anch'io, un tempo ero di questo parere. Rileggendo però alcuni vecchi documenti risalenti alla mia adolescenza, sono rimasto colpito da due fatti, apparentemente contraddittori, i quali però, messi insieme, offrono una certa garanzia di obiettività. Il primo è che io avevo completamente dimenticato i contenuti di questa mia abbastanza grezza produzione giovanile, il secondo è che, malgrado la loro immaturità, questi scritti anticipavano in modo singolare ciò che io ho cercato di fare per circa trent'anni.

C'è forse del vero nell'affermazione di Bergson che una mente filosofica è generalmente dominata da una sola idea che si sforza, nel corso della sua vita, di formulare in vari modi senza mai riuscirvi pienamente. Anche se questa autobiografia non dovesse riuscire a comunicare chiaramente al lettore in che cosa consista questa idea, avrà almeno aiutato l'autore a capirla meglio.

I. 1896-1914.

Sono nato a Neuchâtel, in Svizzera, il 9 agosto 1896. Mio padre si è occupato soprattutto di letteratura medievale e, secondariamente, della storia di Neuchâtel. Era un uomo di intelligenza lucida e critica, che detestava le improvvisazioni e le generalizzazioni e che non aveva paura di lottare per affermare una verità storica anche contraria alle più rispettabili tradizioni. Tra le altre cose egli mi ha insegnato il valore del lavoro sistematico, anche negli argomenti minori. Mia madre era una donna estremamente intelligente ed energica, ed era fondamentalmente una persona molto civile; il suo temperamento alquanto nevrotico tuttavia rendeva la nostra vita familiare piuttosto agitata. Una delle conseguenze di questo stato di cose fu che io rinunciai molto presto al gioco per cominciare a lavorare seriamente, sia per imitare mio padre, sia per trovare rifugio in un mio mondo privato ma non fittizio. Ho sempre detestato, infatti, ogni distacco dalla realtà, atteggiamento questo che pongo in relazione con un secondo fattore che ha influenzato la mia vita giovanile e cioè la scarsa salute mentale di mia madre. È stato questo fattore di disturbo che, agli inizi dei miei studi di psicologia, mi ha spinto con tanto interesse verso la psicoanalisi e la psicologia patologica. Sebbene questo interesse mi abbia aiutato a raggiungere l'indipendenza e ad ampliare il mio bagaglio culturale, non ho mai desiderato approfondire tale indirizzo di studi e ho sempre preferito studiare la normalità e i meccanismi dell'intelletto piuttosto che gli espedienti dell'Inconscio.

Dai sette ai dieci anni mi interessai via via di meccanica, di uccelli, di fossili del Secondario e del Terziario, e di conchiglie. Poiché non mi era ancora permesso di scrivere a penna, composi, a matita, un piccolo pamphlet per dividere con il mondo una grande scoperta: la «autovap», una automobile dotata di motore a vapore. Presto però dimenticai questa eccezionale combinazione di una locomotiva e di un'automobile per scrivere, a penna stavolta, un libro su «I nostri uccelli» che, dopo gli ironici commenti di mio padre, dovetti riconoscere quale semplice opera di compilazione.

A dieci anni, quando cominciai a frequentare la scuola superiore, decisi di diventare più serio. Avendo osservato in un parco pubblico un passero semialbino, inviai un articolo di una pagina ad un giornale di storia naturale di Neuchâtel che lo pubblicò e io fui «lanciato». Scrissi allora al direttore del Musée d'Histoire Naturelle e gli chiesi il permesso di studiare, fuori orario, le sue collezioni di uccelli, di fossili e di conchiglie. Questo direttore, Paul Godet, uomo molto gentile, era un grande specialista di molluschi. Mi invitò immediatamente a fargli, due volte alla settimana, da assistente — come il «famulus» di Faust, disse — per aiutarlo a etichettare la sua collezione di conchiglie terrestri e di acqua dolce. Per quattro anni lavorai per questo naturalista colto e coscienzioso che in cambio, ad ogni fine di sessione, mi dava un certo numero di esemplari rari per la mia collezione privata e mi aiutò a classificare esattamente gli esemplari che avevo raccolto io. Questi incontri settimanali nell'ufficio privato del direttore erano per me di tale stimolo che passavo tutto il mio tempo libero collezionando molluschi (ce ne sono centotrenta specie e centinaia di varietà nei dintorni di Neuchâtel); tutti i sabati andavo all'appuntamento col mio maestro con mezz'ora di anticipo!

Questa iniziazione alla malacologia ha avuto su di me una grande influenza. Quando nel 1911 Paul Godet morì, ne sapevo abbastanza per cominciare a pubblicare senza aiuto (gli specialisti in questo campo sono rari) una serie di articoli sui molluschi della Svizzera, della Savoia, della Bretagna e perfino della Colombia. Ciò mi procurò alcune divertenti esperienze. Alcuni «colleghi» stranieri desideravano incontrarsi con me, ma essendo io ancora uno studente non osavo mostrarmi e dovetti declinare inviti così lusinghieri. Il direttore del Musée d'histoire naturelle di Ginevra, Bedot, che aveva pubblicato parecchi dei miei articoli nella *Revue Suisse de Zoologie,* mi offrì un posto di curatore della collezione di molluschi (a Ginevra c'è, oltre ad altre collezioni, la collezione Lamarck). Dovetti rispondere che mi mancavano ancora due anni di studio per conseguire la licenza liceale: non ero ancora studente universitario.

Dopo che l'editore di una rivista ebbe rifiutato un mio articolo perché aveva scoperto l'imbarazzante verità riguardo alla mia età, lo inviai a Bedot il quale con gentilezza e spirito rispose: «È la prima volta che so di un direttore di rivista che giudica gli articoli dall'età dell'autore. Non ha altri criteri di valutazione a sua disposizione?». Naturalmente i vari articoli che avevo pubblicato in così giovane età erano ben lontani dall'essere lavori completi. Fu solo molto più tardi, nel 1929, che fui in grado di produrre qualcosa di significativo in questo campo.

Questi studi, per quanto fossero prematuri, furono tuttavia di grande importanza per la mia evoluzione scientifica: soprattutto agirono, se così si può dire, da protezione contro il demone della filosofia. Grazie ad essi ebbi il raro privilegio di gettare uno sguardo alla scienza e ai suoi metodi prima di sottostare alla crisi filosofica dell'adolescenza. L'aver avuto esperienza di questi due tipi di approccio ai problemi ha costituito, ne sono certo, la forza nascosta della mia più tarda attività nel campo della psicologia.

Tuttavia, invece di proseguire la carriera di naturalista, cosa che poteva sembrare così facile e normale dopo i miei fortunati inizi, tra i quindici e i vent'anni subii una serie di crisi dovute sia alle condizioni familiari sia alla curiosità intellettuale caratteristica di quell'età così produttiva. Ma, ripeto, fui in grado di superare tutte queste crisi grazie all'abito mentale acquisito attraverso il contatto con la zoologia.

Ebbi poi il problema della religione. Quando avevo circa quindici anni mia madre, devota protestante, insisté perché io frequentassi quella che a Neuchâtel è chiamata «istruzione religiosa», cioè un corso di sei settimane sui fondamenti della dottrina cristiana. Mio padre, d'altra parte, non frequentava la chiesa e io capii presto che per lui la fede, come correntemente intesa, era incompatibile con la critica storica. Di conseguenza, frequentai il corso di istruzione religiosa con vivo interesse, non disgiunto da una certa libertà di pensiero. Due cose mi colpirono profondamente: la difficoltà di conciliare molti dogmi con la biologia e la fragilità delle «cinque» prove dell'esistenza di Dio. Ci avevano insegnato che erano cinque e io superai perfino un esame su questo argomento. Sebbene non mi fossi mai sognato di negare l'esistenza di Dio, il fatto che qualcuno potesse ragionare servendosi di argomentazioni così fragili (mi ricordo solo la prova della finalità della natura e quella ontologica) mi sembrò incredibile, tanto più che il pastore era un uomo intelligente e interessato alle scienze naturali.

In quel tempo ebbi la fortuna di trovare nella biblioteca di mio padre *La philosophie de la religion fondée sur la psycologie et l'histoire* di Auguste Sabatier che divorai con immensa gioia. La riduzione dei dogmi a «simboli», sia pur necessariamente inadeguati, e soprattutto la nozione di una «evoluzione dei dogmi» erano un linguaggio molto più comprensibile e molto più soddisfacente per la mia intelligenza. Prese possesso di me, allora, una nuova passione: la filosofia.

Da ciò derivò una seconda crisi. Il mio padrino Samuel Cornut, un letterato romanzo, mi invitò, più o meno in questo periodo, a passare una vacanza con lui sul lago di Annecy. Ho ancora oggi un piacevole ricorso di quel periodo: passeggiavamo, pescavamo, io cercavo molluschi e scrissi una «Malacologia del lago di Annecy» che poco dopo pubblicai nella *Revue savoisienne*. Ma il mio padrino aveva uno scopo: la mia cultura gli pareva troppo specialistica e voleva insegnarmi la filosofia. Negli intervalli lasciati liberi dalla ricerca dei molluschi mi avrebbe parlato della «evoluzione creatrice» di Bergson. (Fu solo successivamente che mi spedì per ricordo il libro). Era la prima volta che sentivo parlare di filosofia da qualcuno che non era un teologo: lo shock, devo ammetterlo, fu terribile.

Prima di tutto si trattò di uno shock emotivo. Ricordo una serata di profonde rivelazioni. L'identificazione di Dio con la stessa vita era un'idea che mi colpì fino ad estasiarmi, in quanto mi consentiva di vedere nella biologia la spiegazione di tutte le cose e della intelligenza stessa.

In secondo luogo, si trattò di uno shock intellettuale. Il problema della conoscenza (più propriamente detto problema epistemologico) mi apparve improvvisamente in una nuova prospettiva e come argomento degno di assorbire completamente il mio interesse. Questo mi decise a consacrare la mia vita alla ricerca della spiegazione biologia della conoscenza.

La lettura dell'opera di Bergson che feci più tardi (ho sempre preferito riflettere su un problema prima di leggere ciò che vi è stato scritto sopra) rafforzò la mia decisione ma mi deluse. Invece di trovarvi l'ultima parola della scienza, come il mio padrino mi aveva lasciato sperare, ricavai l'impressione di una costruzione ingegnosa ma priva di basi sperimentali. Tra la biologia e l'analisi della conoscenza avevo bisogno di qualcosa di diverso da una filosofia. Credo di aver scoperto in quel momento che il mio bisogno poteva essere soddisfatto solo dalla psicologia.

II. 1914-1918.

Fu durante questo periodo che cominciò a prodursi quel curioso fenomeno al quale ho alluso nell'introduzione. Non soddisfatto dalle molte letture (in aggiunta allo studio dei molluschi e alla preparazione dell'esame di maturità che feci nel 1915 a diciotto anni), cominciai a buttar giù per iscritto le mie idee in vari quadernetti. Ben presto però la mia salute risentì di questi sforzi e dovetti passare più di un anno in montagna riempendo il tempo del forzato riposo a scrivere una sorta di romanzo filosofico che fui abbastanza imprudente da pubblicare nel 1917. Rileggendo questi vari scritti che segnano la crisi e la fine della mia adolescenza — documenti che avevo completamente dimenticato fino a che non li ho ripresi in mano per scrivere questa autobiografia —, trovo in essi, sorprendentemente, una o due idee che ancora oggi mi sono care e che non hanno mai cessato di guidare i miei diversi tentativi. Perciò, anche se a prima vista questo tentativo può sembrare inutile, cercherò di ricostruire le mie prime ricerche.

Dopo il mio sfortunato contatto con la filosofia di Bergson cominciai a leggere tutto quello che mi capitava fra le mani: Kant, Spencer, Auguste Compte, Fouillée e Guyau, Lachelier, Boutroux, Lalande, Durkheim, Tarde, Le Dantec; per ciò che riguarda la psicologia lessi W. James, Th. Ribot e Janet. Inoltre, durante gli ultimi due anni di scuola ascoltai le lezioni di logica, di psicologia e di metodologia scientifica impartite dallo studioso di logica A. Reymond. Per la mancanza di un laboratorio e di una guida (a Neuchâtel, anche all'università non c'era nessuno psicologo sperimentale), la sola cosa che potessi fare era teorizzare e scrivere. Scrivevo per me stesso, perché non ho mai potuto pensare senza scrivere, e dovevo farlo in modo sistematico, come se scrivessi articoli da pubblicare.

Cominciai con un saggio concepito in modo molto rozzo e presuntuoso dal titolo *Abbozzo di un neopragmatismo*. In esso presentavo un'idea che è sempre rimasta una delle mie idee centrali, e cioè che l'azione contiene in sé una logica (ciò in contrasto con l'antintellettualismo di James e di Bergson) e che, di conseguenza, la logica discende da una sorta di organizzazione spontanea delle azioni. Avevo perso però il contatto con la biologia. Una lezione di A. Reymond su realismo e nominalismo nell'area del problema degli «universali» (con qualche riferimento al ruolo dei concetti nella scienza odierna) mi diede un'idea improvvisa. Avevo pensato a lungo al problema della «specie» in zoologia e a questo proposito avevo adottato pienamente il punto di vista nominalistico. La specie in sé non ha alcuna realtà e si distingue dalle varietà solo per un maggior grado di stabilità. Questa posizione teoretica ispirata al lamarckismo mi disturbò alquanto nel mio lavoro empirico (ovvero nella classificazione dei molluschi). La disputa di Durkheim e Tarde sulla realtà o non realtà della società come insieme organizzato, mi gettò in uno stato di incertezza simile, senza soprattutto mostrarmi la sua pertinenza al problema della specie. A parte ciò, il problema generale del realismo e del nominalismo mi diede una visione più ampia: capii improvvisamente che a tutti i livelli (quello della cellula, quello dell'organismo, quello della specie, quello della società, ma anche in ciò che si riferisce agli stati di coscienza, ai concetti, ai principi logici, ecc.), ci si imbatte nello stesso problema della relazione tra le parti e il tutto; fui così convinto di aver trovato la soluzione. Era lì che alla fine si realizzava quella stretta unione che sognavo tra biologia e filosofia, lì c'era una strada verso una epistemologia che allora mi sembrava realmente scientifica!

Così cominciai a scrivere il mio sistema (ci si domanderà dove trovassi il tempo, lo prendevo dovunque potessi, specialmente durante le lezioni noiose!). La mia soluzione era molto semplice: in tutti i settori della vita (organico, mentale, sociale) esistono «totalità» qualitativamente distinte dalle loro parti e queste totalità impongono alle parti una organizzazione. Di conseguenza, non esistono «elementi» isolati: la realtà elementare è necessariamente dipendente da un insieme che la compenetra. Le relazioni tra il tutto e le parti variano da una struttura all'altra, perciò è necessario distinguere quattro azioni che sono sempre presenti: l'azione del tutto su se stesso (preservazione), l'azione delle parti tutte (alterazione o preservazione), le azioni delle parti su se stesse (preservazione), e l'azione delle parti sul tutto (alterazione o preservazione). Queste quattro azioni si bilanciano l'un l'altra in una struttura totale, ma ci sono poi tre possibili forme di equilibrio: 1, predominanza del tutto con alterazione delle parti; 2, predominanza delle parti con alterazione del tutto; 3, preservazione reciproca delle parti e del tutto. A ciò si aggiunge una legge fondamentale finale: solo l'ultimo tipo di equilibrio (il n. 3) è «stabile» o «buono» mentre gli altri due (1 e 2) sono meno stabili; sebbene tendano alla stabilità, il loro grado di approssimazione allo stato stabile dipende dagli ostacoli che debbono superare.

Se avessi conosciuto in questi anni (1913-1915) le opere di Wertheimer e di Köhler sarei diventato uno psicologo della Gestalt, ma avendo avuto conoscenza solo di scritti francesi e non essendo ancora in grado di progettare esperimenti allo scopo di verificare le mie ipotesi, fui costretto a limitarmi alla costruzione di un sistema. Trovo estremamente interessante la rilettura delle mie vecchie carte proprio in quanto esse rappresentano un disegno che anticipa la mia ricerca successiva.

Mi era già chiaro a quel tempo che l'equilibrio stabile del tutto e delle parti (terza forma) corrispondeva agli stati di coscienza di natura normativa: necessità logica o obbligo morale, in opposizione alle forme inferiori di equilibrio che caratterizzano gli stati di coscienza non normativi come la percezione ecc., o avvenimenti di carattere organico.

Dopo gli esami di maturità mi recai in montagna per un periodo di riposo. In quel tempo fui formalmente iscritto alla facoltà di scienze dell'Università di Neuchâtel, in modo che, poco dopo il mio ritorno in città, fui in grado di laurearmi in scienze naturali e poi di presentare la mia tesi di specializzazione sui molluschi del Valais (1918). Sebbene fossi grandemente interessato ai corsi di zoologia (Fuhrmann), embriologia (Béraneck), geologia (Argand), fisica chimica (Berthoud) e matematica (la teoria del gruppo era particolarmente importante a mio avviso, per ciò che riguarda il problema del tutto e delle parti), ero impaziente di passare ad una università più grande dove ci fosse un laboratorio di psicologia in cui potessi sperare di condurre esperiementi di verifica del mio «sistema».

Fu in questa area di ricerca che l'abito mentale acquisito con lo studio della zoologia mi fu assai utile. Non ho mai creduto alla validità di un sistema che non fosse passibile di controlli sperimentali. Ho ritenuto inutile pubblicare quello che scrissi negli anni del liceo proprio perché ero rimasto solo a livello teorico; il suo reale valore mi sembrò quello di incentivo per i miei successivi esperimenti dei quali, a quel tempo, non sospettavo la natura.

Ciononostante, durante l'anno che trascorsi in montagna fui ossessionato dal desiderio di creare e cedetti alla tentatazione. Per non compromettermi sul terreno scientifico, tuttavia, scrissi — per un pubblico generico, non per gli specialisti — una specie di romanzo filosofico nella cui ultima parte esponevo il mio pensiero (1917). La mia strategia si dimostrò corretta: nessuno parlò del mio romanzo eccetto due o tre filosofi indignati[1].

[1] Ecco alcune citazioni da quell'opera intitolata *Recherche* (1917). Si trattava di elaborare «una teoria positiva della qualità, tenendo conto solo dei rapporti di equilibrio e di squilibrio tra le nostre qualità» (p. 150). «Non ci può essere consapevolezza di queste qualità, quindi queste qualità non possono esistere, se non ci sono tra di loro delle relazioni, se queste non sono, di conseguenza fuse in una qualità totale che le contiene pur tenendole distinte. Per esempio io non potrei essere consapevole sia della bianchezza di questo foglio sia del nero dell'inchio-

III. 1918-1921.

Dopo il dottorato in scienze, partii per Zurigo (1918) per lavorare in un laboratorio di psicologia. Frequentai due laboratori, quello di G.E. Lipps e quello di Wreschner, e la clinica psichiatrica di Bleuler. Capii subito che la mia strada era quella di utilizzare nella sperimentazione psicologica l'abito mentale che avevo acquisito nella zoologia, e che così avrei forse ottenuto qualche risultato nella soluzione di problemi relativi alle strutture-del-tutto ai quali mi ero accostato per mezzo del mio pensiero filosofico. Ma, a dire il vero, all'inizio mi sentivo un po' sperso. Gli esperimenti di Lipps e di Wreschner mi sembravano avere scarsi rapporti con i problemi fondamentali. D'altra parte, la scoperta della psicanalisi (leggevo Freud e la rivista *Imago*, ed ascoltavo occasionalmente conferenze di Pfister e Jung) e gli insegnamenti di Bleuler mi fecero sentire il pericolo della meditazione solitaria: decisi di dimenticare il mio sistema per paura di cadere vittima dell'«autismo».

Nella primavera del 1919 divenni irrequieto e partii per il Valais; lì applicai il metodo statistico di Lipps ad uno studio biometrico della variabilità dei molluschi terrestri come funzione dell'altitudine. Avevo bisogno di tornare a problemi concreti per evitare gravi errori.

Nell'autunno del 1919 presi il treno per Parigi dove passai

stro, se queste due qualità non fossero combinate, nella mia consapevolezza, in una unità e se, malgrado questa unità, non restassero uno bianco e l'altro nero... In ciò trova origine l'equilibrio tra le qualità: quest'equilibrio c'è non solo tra parti così separate (cosa che avviene solo negli equilibri materiali) ma anche tra le parti da un lato, distinte dall'insieme risultante da queste qualità parziali, e il tutto dall'altro... (È tuttavia necessario procedere dal tutto alle parti e non dalla parte al tutto, come fa il pensiero dei fisici)» (p. 151-153). «Si può allora distinguere un primo tipo di equilibrio in cui l'insieme e le parti si sostengono scambievolmente» (p. 156) e in altri tipi quali quelli in cui ci sono interazioni coordinate tra il tutto e le parti (p. 157). «Tutti gli equilibri tendono verso un equilibrio del primo tipo» (p. 157), ma senza essere in grado di raggiungerlo a livello organico: «Possiamo perciò chiamare equilibrio ideale quello del primo tipo, ed equilibrio reale quello degli altri tipi, anche se ogni equilibrio reale, di qualunque tipo esso sia, presuppone un equilibrio ideale» (p. 158). Al contrario, il primo tipo di equilibrio si realizza a livello di pensiero: È «l'origine del principio di identità, dal quale si deduce il principio di non contraddizione» ecc. (p. 163).

due anni alla Sorbonne. Frequentai il corso di psicologia patologica di Dumas (dove appresi a intervistare i malati di mente di Sainte-Anne) e i corsi di Piéron e di Delacroix; studiai anche logica e filosofia della scienza con Lalande e Brunschwieg. Quest'ultimo esercitò su di me una grande influenza a causa del suo metodo storico critico e dei suoi riferimenti alla psicologia. Ma ancora non sapevo quale area di sperimentazione scegliere. A quel punto ebbi una straordinaria fortuna: fui raccomandato al dott. Simon che allora viveva a Rouen ma che aveva a sua disposizione il laboratorio di Binet alla scuola elementare di rue de la Grangeaux-Belles a Parigi. Il laboratorio non era usato perché in quel periodo Simon non aveva lezioni a Parigi. Simon mi ricevette molto amichevolmente e mi propose di standardizzare i test di Burt per i bambini di Parigi. Iniziai questo lavoro senza troppo entusiasmo, tanto per provare a fare qualcosa. Ma presto il mio umore cambiò: era lì il mio solo maestro e avevo un'intera scuola a mia disposizione — condizioni di lavoro insperabili.

Fin dai primissimi questionari notai che, sebbene i test di Burt, basati su un certo numero di successi e di fallimenti, avessero i loro meriti diagnostici, era assai più interessante tentar di trovare le ragioni dei fallimenti. Così impegnai i miei soggetti in conversazioni preparate sulla base di un questionario psichiatrico, con lo scopo di scoprire qualcosa sui processi razionali delle loro risposte giuste e soprattutto errate. Notai con sorpresa che i più semplici compiti razionali implicanti l'inclusione di una parte in un tutto o la coordinazione di relazioni o la «moltiplicazione» di classi (trovare la parte comune di due interi) presentava per bambini normali di undici o dodici anni difficoltà che gli adulti non sospettavano.

Senza che il dott. Simon fosse troppo consapevole di ciò che io stavo facendo, continuai per circa due anni ad analizzare il ragionamento verbale dei bambini normali, presentando loro varie domande e proponendo loro compiti implicanti semplici relazioni concrete di causa ed effetto. Ottenni inoltre il permesso di lavorare con i bambini anormali della Salpêtrière con i quali intrapresi la ricerca sui numeri usando sia il metodo della manipolazione diretta sia quello della conversazione. Ho poi riassunto questo lavoro in collaborazione con A. Szeminska[2].

[2] [Piaget, Szeminska, Inhelder, *La géométrie spontanée chez l'enfant*, Paris, P.U.F., 1948].

Finalmente, avevo trovato il mio campo di ricerca. Prima di tutto mi apparve chiaro che la teoria delle relazioni tra il tutto e le parti poteva essere studiata sperimentalmente attraverso l'analisi dei processi psicologici sottostanti le operazioni logiche. Ciò segnò la fine del mio periodo «teoretico» e l'inizio di un'era induttiva e sperimentale nel campo della psicologia, nel quale avevo sempre desiderato entrare senza però avere, fino ad allora, individuato le linee di ricerca. Le mie osservazioni sul fatto che la logica non è innata ma si sviluppa poco a poco apparvero coerenti con le mie idee sulla formazione dell'equilibrio verso cui tende l'evoluzione delle strutture mentali. Inoltre, la possibilità di studiare direttamente il problema della logica si accordava con i miei precedenti interessi filosofici. Infine il mio desiderio di scoprire una sorta di embriologia dell'intelligenza si accordava con la mia preparazione biologica; fin dall'inizio del mio pensiero teoretico ero certo che il problema della relazione tra organismo e ambiente si estendeva anche al campo della conoscenza, essendo possibile considerarlo come un problema della relazione tra il soggetto agente o pensante e gli oggetti della sua esperienza. Adesso avevo la fortuna di studiare questo problema in termini di sviluppo psicogenetico.

Una volta ottenuti i primi risultati, scrissi tre articoli, preoccupandomi soprattutto di non subire le influenze della teoria. Analizzai i dati sia dal punto di vista psicologico sia da quello logico, applicando al mio metodo di analisi il principio del parallelismo logico-psicologico. La psicologia spiega i fatti in termini di causalità, mentre la logica, quando tratta ragionamenti veri, ne descrive le forme corrispondenti in termini di un equilibrio ideale[3] (ho poi espresso questa relazione dicendo che la logica è un assioma il cui corrispondente nelle scienze sperimentali è la psicologia del Pensiero[4]).

Mandai il mio primo articolo[5] al *Journal de Psychologie* ed ebbi il piacere non solo di vederlo accettato ma anche di constatare che I. Meyerson, il quale divenne mio amico, aveva interessi simili ai miei. Mi consigliò di leggere Lévy-

[3] Cfr. «Une forme verbale de la comparaison chez l'enfant», *Arc. de Psychol.* (1921), 18, 143-172.

[4] *Psychologie de l'intelligence* (1947), cap. 1.

[5] «Essai sur quelques aspects du dévelopment de la notion de partie chez l'enfant». *J. de Psychol.* (1922), 38, 449-480.

Bruhl e mi incoraggiò ad andare avanti. Accettò anche il mio secondo articolo[6].

Per quanto riguarda il terzo, lo mandai a E. Claparède, che avevo incontrato solo una volta, e che lo pubblicò negli *Archives de Psychologie*[7]. Ma oltre ad accettare il mio articolo, mi fece una proposta che cambiò il corso della mia vita. Mi offrì il lavoro di «direttore degli studi» all'*Istituto J.J. Rousseau* di Ginevra. Poiché mi conosceva appena, mi chiese di andare a Ginevra per un mese di prova. Questa prospettiva mi affascinò sia per la fama di Claparède sia per le straordinarie facilitazioni che offriva per la ricerca; anche perché ancora non sapevo come cominciare una ricerca! Accettai e lasciai Parigi per Ginevra. Capii immediatamente che Claparède e Bovet erano i «capi» ideali e che mi avrebbero consentito di lavorare come desideravo. Il mio lavoro consisteva semplicemente nel guidare gli studenti e nell'associarli alla ricerca che mi era stato chiesto di intraprendere sulla psicologia del bambino. Questo accadde nel 1921.

IV. 1921-1925.

Essendo dotato di una mente sistematica, con tutti i rischi che ciò comporta, feci piani a lunga scadenza: avrei dedicato due o tre anni allo studio del pensiero del bambino, poi sarei ritornato alle origini della vita mentale, cioè allo studio del sorgere dell'intelligenza durante i primi due anni. Dopo aver così acquisito obiettivamente e induttivamente una conoscenza sulle strutture elementari dell'intelligenza, avrei avuto modo di affrontare il problema del pensiero in generale e di costruire una epistemologia psicologica e biologica. Soprattutto allora sarei dovuto restare lontano da ogni preoccupazione non psicologica e studiare empiricamente lo sviluppo del pensiero in sé, dovunque ciò dovesse condurmi.

In accordo con questo progetto, organizzai la mia ricerca alla Maison des Petits dell'Institut J.-J. Rousseau, iniziando ad analizzare i fattori più periferici (ambiente sociale, linguaggio), tenendo presente il mio scopo di arrivare ai meccanismi psicologici delle operazioni logiche e del ragionamento causale.

[6] «Essai sur la multiplication logique et les débuts de la pensée formelle chez l'enfant», *J. de Psychol.* (1922), 38, 222-261.

[7] «La pensée symbolique et la pensée chez l'enfant», *Arch. de Psychol.* (1923), 38, 273-304.

In questo contesto, lavorando con gli allievi della scuola primaria di Ginevra, ripresi quel tipo di ricerca che avevo fatto a Parigi.

I risultati di questa ricerca sono contenuti nei miei primi cinque libri sulla psicologia del bambino[8]. Li pubblicai senza prendere sufficienti precauzioni riguardo alla presentazione delle mie conclusioni, pensando che sarebbero stati poco letti e che mi sarebbero serviti principalmente come documentazione per una sintesi posteriore da indirizzare ad un pubblico più vasto. (Gli studi erano il prodotto di un continuo impegno di collaborazione cui parteciparono tutti gli studenti dell'Istituto, tra cui Valentine Châtenay che divenne mia moglie e mia costante collaboratrice). Diversamente dalle mie aspettative, i libri furono letti e discussi come se si fosse trattato della mia ultima parola sull'argomento, e alcuni adottarono il mio punto di vista sulla genesi della logica, altri vi si opposero fermamente (specie nei circoli influenzati dalla epistemologia empirica o dal tomismo). Fui invitato in molti paesi (Francia, Belgio, Olanda, Inghilterra, Scozia, Stati Uniti, Polonia, Spagna, ecc.) per esporre le mie idee e discuterle nelle facoltà universitarie e con gli insegnanti (non avevo a quel tempo figli e non ero interessato alla pedagogia). Questo successo inaspettato mi lasciò un po' a disagio, poiché capivo chiaramente di non aver ancora organizzato le mie idee e di essere ancora agli inizi del lavoro. Ma non si può dire ai critici: «Aspettate, non avete ancora visto quello che verrà dopo», specie se non lo si sa. Inoltre, quando si è giovani, non si sospetta che, a lungo, si sarà giudicati dai primi lavori, e che solo persone molto coscienziose leggeranno anche gli altri.

In questi primi studi c'erano due carenze: di una, prima di studiare il comportamento del bambino, non ero consapevole, dell'altra ero perfettamente conscio.

La prima di queste carenze consisteva nell'aver limitato la mia ricerca al linguaggio e al pensiero espresso. Sapevo bene che il pensiero procede dall'azione, ma allora credevo che il linguaggio riflettesse direttamente le azioni e che per capire la logica del bambino ci si dovesse solo limitare alla

[8] *Le language et la pensée chez l'enfant* (1923); *La représentation du monde chez l'enfant* (1926); *La causalité physique chez l'enfant* (1927); *Le jugement et le raisonnament chez l'enfant* (1924); *Le jugement moral chez l'enfant* (1932).

sfera delle conversazioni o delle interazioni verbali. Solo più tardi, studiando i modelli del comportamento intellettivo dei primi due anni, capii che, per una completa comprensione della genesi delle operazioni intellettuali, si dovevano considerare per prima cosa la manipolazione e l'esperienza con gli oggetti. Perciò, prima dello studio basato sulle conversazioni verbali, bisognava portare avanti un esame dei modelli di comportamento. Tuttavia si deve riconoscere che, dal momento che nell'azione dei bambini più piccoli si ritrovano tutte le caratteristiche del comportamento verbale dei bambini più grandi, i miei studi sul pensiero verbale non furono inutili; ma il mio punto di vista avrebbe potuto essere meglio compreso se avessi scoperto allora ciò che scopersi più tardi: che tra lo stadio preoperativo, dai due ai sette anni, e lo stabilirsi di una logica formale all'età di undici-dodici anni, funziona (tra i sette e gli undici anni) un livello organizzativo di «operazioni concrete» che è essenzialmente logico, anche se non ancora formalmente logico (per esempio il bambino di otto anni sarà in grado di concludere $A<C$ se ha visto tre oggetti in questo rapporto: $B>A$ e $B<C$, ma sbaglierà quando esporrà verbalmente la stessa operazione).

La seconda carenza deriva dalla prima, ma allora non ne capii le ragioni: tentai invano di scoprire le caratteristiche strutture-del-tutto relative alle stesse operazioni logiche (anche la mia teoria della parte e del tutto), ma non ci riuscii perché non cercai le loro origini nelle operazioni concrete. Così cercai di soddisfare il mio bisogno di una spiegazione per le strutture-del-tutto studiando gli aspetti sociali del pensiero (che sono sostanziali, ne sono ancora convinto, per la formazione delle operazioni logiche in quanto tali). L'equilibrio ideale (la preservazione reciproca del tutto o delle parti) appartiene qui alla cooperazione tra individui che diventano autonomi proprio per mezzo di questa cooperazione. L'equilibrio imperfetto, caratterizzato dalla alterazione delle parti in relazione al tutto, appare qui come contrasto sociale (o contrasto tra i più giovani e i più adulti). L'equilibrio imperfetto, caratterizzato dal mutamento del tutto come una funzione delle parti (e dalla perdita di coordinazione delle parti), appare come un inconscio egocentrismo dell'individuo, cioè come l'atteggiamento mentale dei bambini piccoli che ancora non sono in grado di collaborare e di coordinare i loro punti di vista. (Sfortunatamente, a causa della definizione vaga del termine «egocentrismo» — senza dubbio scelto male —

a causa della incomprensione del concetto di atteggiamento mentale, questo termine non ha un significato chiaro).

Sebbene non riuscissi a scoprire le strutture caratteristiche delle operazioni logiche che dovevano corrispondere alle strutture del rapporto sociale (almeno capii subito l'importanza della reversibilità del pensiero)[9], notai che un certo grado di irreversibilità delle operazioni corrisponde nel bambino piccolo alle difficoltà incontrate nell'afferrare la reciprocità intellettuale e sociale. Ma per porre questa ipotesi su un terreno solido dovevo prima studiare le operazioni concrete.

In questi anni avevo scoperto l'esistenza della psicologia della Gestalt, così vicina alle mie concezioni delle strutture-del-tutto. L'incontro con l'opera di Köhler e di Wertheimer mi fece una profonda impressione. Per prima cosa ebbi la soddisfazione di constatare che le mie ricerche precedenti non erano state pura follia, dal momento che era possibile programmare, a proposito della ipotesi centrale della subordinazione delle parti ad un tutto organizzante, non solo una consistente teoria, ma anche una splendida serie di esperimenti. In secondo luogo capii che, sebbene la concezione della Gestalt si adattasse perfettamente alle forme inferiori di equilibrio (quelle in cui la parte è alterata dal tutto o quelle in cui, secondo la teoria, non c'è «composizione additiva»), non spiegava il tipo di struttura peculiare delle operazioni logiche o razionali. Per esempio, la sequenza di tutti i numeri 1, 2, 3, ... ecc. costituisce una rimarchevole struttura-del-tutto operativa, dal momento che i numeri non esistono da soli ma vengono generati dalla loro legge di formazione (1+1=2, 2+1=3, ecc.). E inoltre, questa legge di formazione costituisce essenzialmente una «composizione additiva». Ciò che io considero una forma superiore di equilibrio (la reciproca preservazione delle parti e del tutto), tuttavia, sfuggiva alla spiegazione gestaltica. Da ciò conclusi che era necessario differenziare gradi successivi di equilibrio e integrare la ricerca dei tipi di strutture mediante un approccio genetico.

V. 1925-1929.

Nel 1925 il mio antico maestro A. Reymond lasciò la cattedra di filosofia all'Università di Neuchâtel, e parte dei

[9] *Le jugement et le raisonnement chez l'enfant* (1924).

suoi incarichi fu data a me, anche se io ero solamente dottore in scienze. (Fin dal 1921, come libero docente, alla facoltà di scienze di Ginevra avevo anche insegnato psicologia infantile). A quel tempo avevo molti impegni: insegnavo, alla facoltà di lettere, psicologia e filosofia della scienza, tenevo un seminario di filosofia e insegnavo, inoltre, sociologia all'Istituto di scienze sociali. Oltre a ciò continuavo ad insegnare psicologia infantile all'Istituto J.J. Rousseau. Poiché si impara insegnando, mi aspettavo che questo pesante programma mi portasse almeno più vicino all'epistemologia. Per quattro anni dedicai il corso di filosofia della scienza allo studio dello sviluppo delle idee, quale può essere osservato nella storia della scienza e nella psicologia del bambino. La conferenza introduttiva su questo argomento [10] fu perfino pubblicata.

Nel corso di questi anni fui occupato da molti altri problemi. Nel 1925 nacque la mia prima figlia e nel 1927 nacque la seconda (seguì, nel 1931, un figlio). Con l'aiuto di mia moglie passai un tempo considerevole ad osservare le loro reazioni e anche a sottoporli a vari esperimenti. I risultati di questa nuova ricerca sono stati pubblicati in tre volumi che trattano principalmente della genesi del comportamento intelligente, delle idee della costanza oggettiva e della causalità e dell'inizio del comportamento simbolico (imitazione e gioco) [11]. Non è possibile riassumere il contenuto di questi libri.

Il principale beneficio che ho ricavato da questi studi è stato che ho appreso nel modo più diretto come le operazioni intellettuali vengano preparate dalla attività senso-motoria, prima dell'apparire del linguaggio. Conclusi che, per progredire nella mia ricerca sulla logica infantile, dovevo cambiare metodo, o almeno modificarlo dirigendo le conversazioni verso oggetti che il bambino stesso poteva manipolare.

Nel corso di esperimenti (intrapresi con la collaborazione dei miei studenti di Neuchâtel e di Ginevra), avevo appena scoperto che i bambini fino ai dodici anni non credono nella costanza della quantità materiale, ad esempio, del peso e del volume di un pezzo di argilla per modellare che, tirato o appiattito, cambia la sua forma. Avevo osservato nei miei

[10] «Psychologie et critique de la connaissance», *Arch. de Psychol.* (1925), 19, 193-210.

[11] *La naissance de l'intelligence chez l'enfant* (1937); *La construction du réel chez l'enfant* (1937); *La formation du symbole chez l'enfant* (1945).

figli che tra i sei e i dieci mesi i bambini non possiedono la nozione di permanenza di un oggetto scomparso alla loro vista (un orologio nascosto sotto un fazzoletto, ecc.). Tra l'inizio della nozione di costanza o di permanenza degli oggetti concreti e la padronanza finale del concetto di costanza delle proprietà fisiche (peso, massa, ecc.), ci dovevano essere stadi successivi di sviluppo delle idee di costanza che avrebbero potuto essere | studiati in situazioni concrete piuttosto che solo attraverso il linguaggio. Riassunsi gli esperimenti relativi a questo problema molto più tardi, dopo il mio ritorno a Ginevra, in collaborazione con A. Szeminska e B. Inhelder.

Prima di lasciare Neuchâtel, conclusi la ricerca sui molluschi chiarendo un problema che mi aveva preoccupato per molti anni e che riguardava la relazione tra struttura ereditaria e ambiente. Questo problema, infatti, mi era sempre apparso fondamentale non solo per la classificazione genetica delle forme organiche (morfogeni), ma anche per la teoria psicologica dell'apprendimento (maturazione in opposizione ad apprendimento) e per l'epistemologia. Mi sembrò che valesse la pena utilizzare le mie scoperte zoologiche per lo studio, anche se limitato, del significativo problema della morfogenesi. Sapevo che c'era una varietà di *Limnaea stagnalis* particolarmente abbondante nel lago di Neuchâtel e notevole per il suo adattamento all'ambiente. La sua forma globulare deriva dall'azione delle onde che forzano costantemente l'animale ad attaccarsi alle pietre e ciò causa un allargamento dell'apertura e un accorciamento della spirale durante il periodo della crescita. Il problema era di determinare se queste caratteristiche erano ereditarie. L'osservazione di ottantamila individui viventi nel loro ambiente naturale e di molte migliaia cresciuti in acquario mi consentirono di trarre le seguenti conclusioni: 1, questa varietà esiste solo in laghi grandi e in quelle porzioni di lago in cui le acque sono più mosse; 2, le sue caratteristiche sono ereditarie e sopravvivono in acquario dopo sei o sette generazioni; segregando una specie pura, questa si riproduce secondo le leggi di Mendel. La varietà è in grado di vivere fuori dai laghi: ne depositai alcuni esemplari in uno stagno dove ancora, dopo venti anni, esistono. L'ipotesi di mutazioni casuali, indipendenti dagli stimoli ambientali, non sembra, in questo caso, corrispondere a realtà, poiché niente impedisce a questa forma globulare di vivere in qualsiasi massa di acqua fresca[12]. Questa esperienza mi ha insegnato a non spiegare

[12] Vedi: «Les races lacustres de la *Limnaea stagnalis*, L. Recherches sur

l'intera vita mentale solo per mezzo della maturazione!

VI. 1929-1939.

Nel 1929 tornai all'Università di Ginevra come professore di Storia del pensiero scientifico (nella divisione di scienze) e direttore assistente all'Istituto J.J. Rousseau; nel 1932 divenni codirettore con Claparède e Bovet. Per pochi anni, dopo il 1936, insegnai anche, una volta alla settimana, psicologia sperimentale all'Università di Losanna. Inoltre nel 1929 avevo imprudentemente accettato l'incarico di direttore del Bureau International de l'Education, su insistenza del mio amico Pedro Rossello che ne era diventato direttore assistente. Questo ufficio internazionale, che ora lavora in stretta collaborazione con l'UNESCO, mi interessava per due ragioni. In primo luogo era in grado, attraverso la sua organizzazione internazionale, di contribuire al progresso dei metodi pedagogici e alla adozione ufficiale delle tecniche più adatte alla mentalità del bambino. Secondariamente, c'era, in questa avventura, se così si può dire, un elemento sportivo. Rossello ed io eravamo riusciti a far accettare che la nuova organizzazione funzionasse su basi intergovernative, ma il giorno in cui fu firmato lo statuto erano rappresentati solo tre governi: il cantone di Ginevra (il governo svizzero era rappresentato ma indeciso), la Polonia e l'Ecuador. Mentre eravamo sottoposti all'opposizione malamente repressa (parlo agli psicologi) dell'Institut de Coopération Intellectuelle. Dovemmo agire rapidamente e con diplomazia. Pochi anni più tardi, erano rappresentati ai convegni annuali indetti dal governo svizzero oltre trentacinque governi (oggi l'organizzazione è sostenuta dall'UNESCO e dall'International Office of Education). Questo lavoro mi è certo costato una gran quantità di tempo che avrei potuto dedicare alla ricerca nel campo della psicologia infantile, ma almeno ho imparato qualcosa della psicologia degli adulti.

In aggiunta a questi lavori non scientifici, avevo altri compiti amministrativi: in particolare avevo l'incarico di riorganizzare l'Institut J.-J. Rousseau che cessò di essere privato e fu parzialmente affiliato all'università.

les rapports de l'adaptation héréditaire avec le milieu», *Bull. biol. de la France et de la Belgique* (1929), 18, 424-455; e «L'adaptation de la *Limnaea stagnalis* aux milieux lacustres de la Suisse romande», *Rev. suisse de Zool.* (1929), 36, 263-531.

Gli anni tra il 1929 e il 1939 furono ricchi di attività scientifiche. Tre eventi principali si verificarono in quel periodo.

Primo, il corso di Storia del pensiero scientifico, che tenevo alla facoltà di scienze di Ginevra, mi consentì di portare avanti il progetto di una epistemologia scientifica fondata sullo sviluppo mentale sia autogenetico che filogenetico. Nei dieci anni successivi, studiai intensamente il sorgere e la storia dei principali concetti matematici, fisici e biologici.

Secondo, riassunsi di nuovo, stavolta su scala più larga, la ricerca sulla psicologia infantile condotta all'Institut J.-J. Rousseau. Condussi questo lavoro con l'aiuto dei più abili dei miei assistenti, in particolare A. Szeminska e B. Inhelder che ora occupa la cattedra di psicologia infantile. Grazie a loro poté essere condotta una serie di nuovi esperimenti che trattavano sistematicamente dei problemi dell'azione (manipolazione degli oggetti), in modo che la conversazione con il soggetto riguardasse esclusivamente la condotta manipolatoria del bambino. Per mezzo di questo metodo studiai con A. Szeminska lo sviluppo dei numeri, con B. Inhelder quello dell'idea di quantità fisica; iniziai inoltre con E. Meyer lo studio delle relazioni spaziali, temporali e di altre relazioni. Il più avanzato di questi studi fu pubblicato intorno al 1940[13], in un momento in cui gli psicologi non avevano più l'opportunità di scambiarsi le loro idee al di là delle frontiere e, spesso, non avevano neanche l'opportunità di fare ricerca. Così questi libri furono poco letti al di fuori dell'area francofona, sebbene fossero i primi ad analizzare a fondo problemi che i miei primi libri non avevano toccato.

Terzo, lo studio delle operazioni concrete mi mise finalmente in grado di scoprire le strutture-del-tutto che avevo cercato per tanto tempo. Analizzai nei bambini tra i quattro e i sette-otto anni la relazione di parte e tutto (chiedendo loro di aggiungere delle perle a un gruppo di grandezza predeterminata), la sequenza delle relazioni asimmetriche (facendo loro costruire delle serie di ordine prescritto), e le corrispondenze numero per numero (facendo loro costruire due o più file corrispondenti), ecc. Questi studi mi consentirono di capire perché le operazioni logiche e matematiche non possono essere formate in modo indipendente: il bambino può afferrare certe

[13] Piaget e Szeminska, *La genèse du nombre chez l'enfant* (1941); Piaget e Inhelder, *Le dévelopment des quantités chez l'enfant* (1941).

operazioni solo se è capace, allo stesso tempo, di correlare operazioni modificandole in modo diverso e ben determinato, per esempio invertendole. Queste operazioni presuppongono, come accade in ogni comportamento intelligente primario, la possibilità di operare inversioni (che corrispondono a quello che i logici chiamano «associatività») e ritorni («reversibilità»). Le operazioni rappresentano così sempre strutture reversibili che dipendono da un sistema totale, il quale, in se stesso, può essere interamente additivo. Alcune di queste più complesse strutture-del-tutto sono state studiate in matematica sotto il nome di «gruppi» e «reticoli». Sistemi operativi di questo tipo hanno la massima importanza per lo sviluppo degli equilibri del pensiero. Cercavo le più elementari strutture operative del tutto e finalmente le trovai nei processi mentali che stanno alla base della formazione dell'idea di preservazione o costanza. Più semplici dei «gruppi» e dei «reticoli», tali strutture rappresentano le parti più primitive di una organizzazione parte-tutto: le ho chiamate «raggruppamenti». Ad esempio, una classificazione (per mezzo della quale le classi di uno stesso ordine sono sempre discrete e separate), è un raggruppamento.

Presentai il mio primo scritto su questo argomento, sebbene non fossi ancora pienamente padrone di esso, al Congresso Internazionale di psicologia, a Parigi, nel 1937. Nello stesso periodo stavo cercando di determinare la struttura logica dei raggruppamenti di classi e di relazioni, delle quali fui in grado di isolare otto forme indipendenti. Nel 1939 scrissi un articolo su questo argomento che P. Guillaume e I. Meyerson pubblicarono nella loro *Collection Psycologique et Philosophique*[14].

VII. 1939-1950.

La guerra risparmiò la Svizzera senza che ci rendessimo conto esattamente del perché. Un intellettuale della mia età (quarantatre anni), non più soggetto al servizio militare (ero stato definitivamente congedato nel 1916), era libero di usare le sue braccia o di andare avanti con il suo lavoro.

Quando il professore di sociologia dell'Università di Ginevra lasciò, nel 1939, la sua cattedra, io, senza esserne a conoscenza,

[14] *Classes, relations et nombres. Essai sur la réversibilité de la pensée* (1942).

fui nominato al suo posto e accettai la chiamata. Pochi mesi più tardi Claparède si ammalò della malattia che doveva condurlo alla morte; assunsi i suoi incarichi e nel 1940 mi fu data la cattedra di psicologia sperimentale e fui nominato direttore del laboratorio di Psicologia (lì trovai un eccezionale collaboratore in Lambercier). Continuai a pubblicare *Archives de Psychologie,* prima con Rey e successivamente con Rey e Lambercier. Poco dopo fu fondata una Società svizzera di psicologia e ne assunsi la presidenza per i primi tre anni, collaborando con Morgenthaler nella pubblicazione di una nuova *Revue Suisse de Psychologie.* C'era molto lavoro da portare avanti.

Dal 1939 al 1945 condussi due tipi di ricerca. Per prima cosa, assumendo la responsabilità del laboratorio reso famoso dai nomi di Th. Flournoy e Ed. Claparède, intrapresi, con la collaborazione di Lambercier[15] e di vari assistenti, uno studio a largo raggio sullo sviluppo della percezione nel fanciullo (fino all'età adulta). Lo scopo di questo studio era di comprendere meglio la relazione tra percezione e intelligenza e di provare le asserzioni della teoria della Gestalt (che non mi convinceva per ciò che riguarda il problema dell'intelligenza). I primi risultati di questa ricerca, che stiamo ancora portando avanti, sono già apparsi in *Archives de Psychologie*[16], e ci sembrano abbastanza interessanti per l'impostazione di una teoria della struttura. Mentre le strutture logiche si occupano solo di uno dei vari aspetti dell'oggetto (classe, numero, misura, peso, ecc.), e tuttavia, per ciò che riguarda quel particolare aspetto risultano complete, al contrario le strutture percettive sono nella maggior parte dei casi incomplete in quanto statistiche o puramente probabili. A causa di questo loro carattere di probabilità, le strutture percettive non sono additive ma seguono le leggi della Gestalt. Esse non permangono identiche in ogni età: hanno un carattere meno attivo nel fanciullo che nell'adulto e in quest'ultimo sono più vicine ai prodotti d'intelligenza. Queste realtà sono importanti come il grado delle illusioni ottico-geometriche in funzione dell'età, e come la grandezza della costanza percettiva.

[15] [Lavoro sulla percezione, 1942-1958, che ebbe come risultato il libro di Piaget, *Les Mécanismes Perceptifs* (Paris, Presses Universitaires de Gravée, 1961)].

[16] «Recherches sur le dévelopment des perceptions» (**Recherches I-XII**), *Arch. de Psychol.* (1942-1950).

In secondo luogo, utilizzando una tecnica sperimentale concreta e un metodo analitico di procedura, con l'assistenza di molti collaboratori, iniziai una ricerca sullo sviluppo delle idee di tempo, di movimento e di velocità e sul comportamento che tali idee implicano[17].

Nel 1942 Piéron fu così gentile da invitarmi a tenere una serie di conferenze al Collège de France; quella occasione mi permise di portare ai nostri colleghi francesi — era durante l'occupazione tedesca — la testimonianza dell'incrollabile affetto dei loro amici di altri paesi. I principali argomenti di queste conferenze furono poi raccolti in un volumetto che apparve poco dopo la guerra e che è ora disponibile in inglese[18], tedesco, svedese, ecc.

Non appena finì la guerra, furono ripresi, con rinnovato impegno gli scambi di carattere sociale. L'International Office of Education non aveva mai cessato del tutto di funzionare negli anni 1939-1945, ma era servito soprattutto come ufficio spedizioni per inviare libri pedagogici ai prigionieri di guerra. Quando fu organizzato l'UNESCO, l'Office of Education partecipò alle riunioni preparatorie e, successivamente, alle riunioni generali annuali che decidevano gli indirizzi generali e proponevano i lavori che le due istituzioni dovevano portare avanti. Dopo che la Svizzera ebbe aderito all'UNESCO io fui nominato dal mio governo presidente della commissione svizzera e capeggiai la delegazione svizzera a Bayreuth, Parigi, Firenze. L'UNESCO mi inviò come rappresentante a Sèvre e Rio de Janeiro e mi incaricò di curare l'edizione dell'opuscolo *The Right of Education*; per molti mesi inoltre ebbi, ad interim, l'incarico di direttore generale assistente al dipartimento per l'educazione. Quando M. Torrès-Bodet mi offrì quest'incarico per un periodo più lungo mi mise in una posizione imbarazzante; in realtà non mi ci volle molto a decidere tra i compiti internazionali e il richiamo della mia ricerca incompleta: accettai l'incarico di responsabilità che mi veniva offerto solo per un breve periodo. Nel 1950, tuttavia, accettai di far parte del consiglio esecutivo dell'UNESCO, essendo stato eletto per quest'incarico alla conferenza generale di Firenze.

Per quanto riguarda le relazioni internazionali, devo dire che nel 1946 ebbi il piacere di ricevere una laurea *ad honorem*

[17] *Le dévelopment de la notion de temps chez l'enfant. Les notions de mouvement et de vitesse chez l'enfant* (1946).

[18] Piaget, *The Psychology of Intelligence* (1950).

alla Sorbona; avevo avuto lo stesso onore ad Harvard nel 1936, nel corso di una indimenticabile cerimonia che celebrava il tricentenario di quella università. Nel 1949 ricevetti la laurea *ad honorem* dell'Università di Bruxelles e nello stesso anno il titolo di professore *honoris causa* dell'Università del Brasile a Rio de Janeiro. Sempre su questo argomento, devo ricordare il piacere che ricavai dalla nomina a membro della New York Academy of Sciences.

Le attività sociali del dopoguerra non mi fecero trascurare il mio lavoro, al contrario procedetti un po' più velocemente per timore che nuovi turbamenti nella situazione mondiale mi impedissero di portare a termine la mia opera. Ciò spiega la quantità delle mie pubblicazioni. L'aumento della produzione, tuttavia, non vuol dire che ci sia stata dell'improvvisazione: ho lavorato molto a lungo ad ognuna di queste pubblicazioni [19].

Prima di tutto, con l'aiuto di B. Inhelder, fui in grado di portare avanti circa trenta esperimenti sullo sviluppo delle relazioni spaziali tra i due e i tre anni e tra gli undici e i dodici anni,[20] problema questo assai complesso a causa della costante mutua interferenza tra fattori percettivi e azione. D'altra parte lo studio delle operazioni intellettuali considerate come i soli meccanismi mentali reversibili (in opposizione alla percezione, alla produzione motoria ecc., che sono unidirezionali) ci portarono a indagare sulle reazioni dei bambini

[19] Mi è spesso stato chiesto dove abbia trovato il tempo per scrivere tanto, in aggiunta al mio lavoro universitario e ai miei impegni internazionali. Sono debitore di ciò alla straordinaria qualità dei miei collaboratori e soprattutto delle mie collaboratrici, che mi hanno aiutato molto più di quanto qui non appaia. Dopo anni passati a intervistare bambini da solo o con l'aiuto di un piccolo gruppo di studenti, sono stato aiutato successivamente da una squadra di assistenti e colleghi che non si sono limitati a raccogliere i fatti, ma hanno attivamente partecipato alla ricerca. Debbo anche la mia capacità di lavoro al mio tipo di carattere. Sono fondamentalmente un inquieto che solo il lavoro può placare. È vero che sono socievole e che mi piace insegnare e partecipare a incontri di tutti i tipi, ma ho un gran bisogno della solitudine e del contatto con la natura. Dopo le mattinate trascorse con gli altri, inizio il pomeriggio con una passeggiata durante la quale tranquillamente raccolgo i miei pensieri e li collego, dopo di che ritorno alla scrivania della mia casa, in campagna. Durante le vacanze mi ritiro in montagna, nelle selvagge regioni del Valais e scrivo per settimane su tavoli improvvisati e dopo piacevoli camminate. Si tratta di una dissociazione tra me come essere sociale e me «come uomo della natura» (in cui l'eccitazione dionisiaca si scarica in attività intellettuale) che mi mette in grado di superare il mio permanente sostrato di angoscia e trasformarlo in necessità di lavorare.

[20] Piaget e Inhelder, *La répresentation de l'espace chez l'enfant* (1948); Piaget, Szeminska e Inhelder, *La geométrie spontanée chez l'enfant* (1948).

piccoli di fronte a fenomeni fisici irreversibili quali la mescolanza o il caso[21]. Portai anche a termine, con B. Inhelder, uno studio sulla genesi della probabilità, studio che incluse il più ampio problema dell'induzione.

Secondariamente, mi trovai allora nella posizione di poter realizzare il mio vecchio piano di scrivere una epistemologia genetica[22]. Alla morte di Claparède avevo ottenuto il corso di storia del pensiero scientifico, in sostituzione di quello di psicologia sperimentale. Dal momento che avevo sufficienti dati sperimentali sui processi psicologici che sono alla base delle operazioni logico-matematiche e fisiche, mi sembrò che fosse giunto il momento adatto a scrivere quella sintesi che avevo sognato dall'inizio dei miei studi. Invece di dedicare cinque anni alla psicologia infantile, come avevo previsto di fare nel 1921, ve ne avevo dedicati circa trenta; era stato un lavoro entusiasmante e non avevo alcun rimpianto. Ma era tempo di concluderlo, e fu ciò che provai a fare in questo studio generale. Si tratta fondamentalmente di una analisi del meccanismo dell'apprendimento, condotta non dal punto di vista statistico ma da quello della crescita e dello sviluppo.

Infine la casa editrice Colin mi chiese di scrivere un *Traité de logique*[23] con il duplice intento di presentare brevemente i metodi operativi della logistica (o moderna logica algebrica) e di sviluppare le mie personali idee su questo argomento. All'inizio ebbi qualche esitazione, poiché non sono di professione un logico, ma fui poi tentato dal desiderio di costruire uno schema di logistica che potesse corrispondere, da una parte ai livelli di formazione delle operazioni (operazioni concrete di classi e relazioni — operazioni formali, o logica delle proposizioni —) e, d'altra parte a quei tipi di strutture la cui fondamentale importanza psicologica avevo già precedentemente scoperto. Sin da allora io avevo scritto un saggio più breve, non ancora pubblicato[24], sulle strutture-del-tutto

[21] *La genèse de l'idée de hasard chez l'enfant* (1951).

[22] *Introduction à l'épistémologie génétique*. I. *La pensée mathématique*, II. *La pensée physique*, III *La pensée biologique, la pensée psychologique et la pensée sociologique* (1949-1950).

[23] *Traité de logique, esquisse d'une logistique opératoire* (1949).

[24] [Dopo la pubblicazione di questa autobiografia Piaget ha completato il suo lavoro sui gruppi e sui reticoli: J. Piaget, *Essai sur les transformations des opérations logiques. Les 256 opérations ternaires de la logique bivalente des propositions* (Paris, Presses Universitaires de France, 1952)].

(gruppi, reticoli e raggruppamenti) che possono essere definite per mezzo di tre proposizioni (la logica delle 256 operazioni ternarie).

Conclusione.

La mia unica idea, sviluppata sotto vari aspetti in (ahimè!) ventidue volumi, era che le operazioni intellettuali procedono in termini di strutture-del-tutto. Queste strutture denotano i tipi di equilibrio verso cui tende l'intera evoluzione: organica, psicologica e sociale; le sue radici raggiungono la stessa morfogenesi biologica.

Questa idea è più diffusa di quanto non si creda in genere, tuttavia non è mai stata dimostrata in modo soddisfacente. Dopo più di trenta anni di lavoro sugli aspetti più elevati di quella evoluzione, mi piacerebbe un giorno tornare indietro ai meccanismi più primitivi: è questa una delle ragioni per cui sono interessato alle percezioni infantili. La reversibilità, caratteristica delle operazioni della intelligenza logica, non è acquisita in blocco, ma è preparata nel corso di una serie di stadi successivi: ritmi elementari, regolazioni sempre più complesse (strutture semireversibili) e, infine, strutture operative reversibili. Questa legge dell'evoluzione, che domina tutto lo sviluppo mentale, corrisponde senza dubbio a certe leggi di strutturazione del sistema nervoso che sarebbe interessante provare a formulare per ciò che concerne le strutture matematiche qualitative (gruppi, reticoli, ecc.) [25].

Come per le strutture della Gestalt, esse costituiscono solo un tipo particolare tra le operazioni possibili, ed appartengono alle regolazioni piuttosto che alle operazioni reversibili. Spero di essere in grado, un giorno, di dimostrare le relazioni tra strutture mentali e stadi di sviluppo nervoso e di arrivare così a quella teoria generale delle strutture della quale i miei primi studi costituiscono una semplice introduzione.

APPENDICE

Fin dalla stesura di questa autobiografia, Piaget ha continuato la

[25] Piaget, «Le problème neurologique de l'intériorisation des actions en opérations réversibles», *Arch. de Psychol.* (1949), 32, 241-258.

sua analisi dello sviluppo intellettuale che ha avuto un peso assai rilevante nel campo della educazione e della psicologia evolutiva. Nel 1956 fu fondato da Piaget, all'università di Ginevra, un centro internazionale di epistemologia genetica. È apparsa una serie monografica (*Studies in Genetic Epistemology*), basata sui convegni interdisciplinari, tenuti in questo centro, che tratta di molti problemi attuali dello sviluppo cognitivo. Piaget ha continuato a produrre numerose pubblicazioni teoretiche e di ricerca sui vari aspetti dello sviluppo intellettuale (ad esempio lo sviluppo del pensiero logico, lo sviluppo dell'immagine mentale, i fattori biologici in rapporto ai processi cognitivi, i processi di memoria dei fanciulli). Egli, come dice nel dialogo, è sempre impegnato in ricerche riguardanti lo sviluppo del concetto di causalità nel fanciullo.

Va notato che dalla pubblicazione di questa autobiografia, nel 1952, l'importanza e l'influenza di Piaget sugli psicologi è andata accrescendosi, al punto che egli viene descritto, dopo essere stato insignito nel 1969 del Distinguished Scientific Contribution Award dall'American Psychological Assaciation, come segue:

«A Jean Piaget, per la sua prospettiva rivoluzionaria sulla natura della conoscenza umana e della intelligenza biologica. Partito come biologo interessato alla storia del pensiero scientifico, egli è pervenuto successivamente allo studio di problemi esclusivamente filosofici in modo risolutamente empirico e ha creato l'epistemologia come scienza, diversa dalla filosofia ma interrelata con tutte le scienze umane. Come sottoprodotto di questo capolavoro egli ha raccolto, in mezzo secolo, profonde osservazioni e dati controllati sul pensiero umano, cosa questa che rappresenta un unico e durevole monumento nel campo della letteratura psicologica. Conosciuto e onorato in tutto il mondo fin dall'apparire dei suoi primi scritti, egli è il primo europeo a ricevere l'APA Distinguished Scientific Contribution Award. La nostra organizzazione riconosce l'influenza che questo scienziato svizzero esercita su tutti gli studiosi del pensiero umano e del suo sviluppo».

BIBLIOGRAFIA GENERALE AGGIORNATA DI JEAN PIAGET[1]

1907

«Un moineau albinos», *Rameau de Sapin* (Neuchâtel), 41 (9, 36).

1911

«Mollusques recueillis dans la région supérieure du Val d'Hérens», *Rameau de Sapin* (Neuchâtel), 45, 30-32, 40, 46-47.

«Les limnées de lacs de Neuchâtel, Morat et des environs (note sur 3 variétés nouvelles de mollusques suisses)», *Journal de Conchyliologie.*

1912

«Supplément au catalogue des mollusques du Canton de Neuchâtel», *Bulletin de la Société neuchâteloise des Sciences Naturelles,* 39, 74-89.

«Les limnées des lacs de Neuchâtel, Bienne, Morat ed des environs», *Journal de Conchyliologie.*

«Note sur trois variétés nouvelles de mollusques suisses», *Journal de Conchyliologie.*

«Quelques mollusques de Colombie», *Mémoires de la Société neuchâteloise des Sciences Naturelles, 5.*

In collaborazione con M. ROMY, «Les mollusques du lac de Saint-Blaise», *Bulletin de la Société neuchâteloise de Géographie.*

1913

«Premières recherches sur les mollusques profonds du lac de Neuchâtel», *Bulletin de la Société neuchâteloise des Sciences Naturelles,* 40, 148-171.

«Les mollusques sublittoraux du Léman recueillis par M. le Pr Yung», *Zoologischer Anzeiger* (Leipzig), 42, 615-624.

«Les récents dragages malacologiques de M. le Pr Yung dans le lac Léman», *Journal de Conchyliologie,* 60, 205-232.

«Nouveaux dragages malacologiques de M. le Pr Yung dans la faune profonde du Léman», *Zoologischer Anzeiger* (Leipzig), 42, 216-225.

«Malacologie alpestre», *Revue suisse de Zoologie,* 21, 439-576.

«Malacologie de Duingt et des environs», *Revue savoisienne* (Annecy), 54, 69-85, 166-180, 234-242.

«Malacologie du Vully», *Mémoires de la Société fribourgeoise des Sciences Naturelles,* Série Zoologie, Vol. I, fasc. 3, 48 pp.

[1] *La bibliografia dell'edizione italiana è stata aggiornata al 1989. L'Editore ringrazia gli «Archives Jean Piaget» per i dati forniti.*

1914
«Un mollusque arctique habitant les Alpes suisses», *Feuille des Jeunes Naturalistes* (Paris), 44, 5-6.
«Un mollusque nouveau pour la faune argovienne», *Feuille des Jeunes Naturalistes* (Paris), 44, 148.
«Contribution à la malacologie terrestre et fluviatile de la Bretagne», *Bulletin de la Société neuchâteloise des Sciences Naturelles,* 41, 32-83.
«Étude zoogéographique de quelques dépôts coquilliers quaternaires du Seeland et des environs», *Mitteilungen der naturforschenden Gesellschaft* (Bern), 105-106.
«L'espèce mendelienne a-t-elle une valeur absolue?», *Zoologischer Anzeiger* (Leipzig), 44, 328-331.
«Note sur la Biologie des limnées abyssales», *Internationale Revue der Hydrologie und Hydrographie,* Supplément biologique, 6, 1-15.

1915
«Révision de quelques mollusques glaciaires du musée d'histoire naturelle de Berne», *Mitteilungen der naturforschenden Gesellschaft* (Bern), 218-277.

1916
La mission de l'idée, Lausanne, Édition La Concorde.
«Nouvelles recherches sur les mollusques du Val Ferret et des environs immédiats», *Bulletin de la Société La Murithienne* (Sion), 29, 22-73.

1917
«Note sur quelques mollusques de la vallée du Doubs», *Mémoires de la Société d'Émulation du Doubs* (Montbéliard), 1-14.

1918
Recherche, Lausanne, Édition La Concorde.

1920
«Corrélation entre la répartition verticale des mollusques du Valais et les indices de variations spécifiques», *Revue suisse de Zoologie,* 28 (7), 125-133.
«Introduction à la malcologie valaisanne», *Bulletin de la Société La Murithienne* (Sion), 40, 86-186.
«La psychanalyse et ses rapports avec la psychologie de l'enfant», *Bulletin de la Société Alfred Binet,* 20 (131, 132, 133), 18-34, 41-58.

1921
Introduction à la malacologie valaisanne, (Tesi di dottorato) Sion, F. Aymon.
«Essai sur quelques aspect du développement de la notion de partie chez l'enfant», *Journal de Psychologie,* 18, 449-480.

1922
«Essai sur la multiplication logique et les débuts de la pensée formelle chez l'enfant, *Journal de Psychologie,* 19, 222-261.

«Pour l'étude des explications d'enfants», *L'Éducateur,* 3, 33, 39.

1923

Le langage et la pensée chez l'enfant, Neuchâtel & Paris, Delachaux & Niestlé (II ed. 1931; III ed. 1947; IV ed. 1956; V ed. 1962).

Traduzioni:

Il linguaggio e il pensiero del fanciullo, Firenze, Editrice Universitaria, 1955 (II ed. 1962).

The Language and the Thought of the Child, London, Kegan Paul, 1926 (II ed., London, Routledge and Kegan Paul, 1948; III ed. 1959).

The Language and Thought of the Child, New York, Meridian Books, 1955.

The Language and the Thought of the Child, New York, Classics in Psychology, Philosophical Library, 1961.

El lenguaje y el pensamiento en el niño, Madrid, Ediciones de «La Lectura».

A linguagem e o pensamento da criança, Rio de Janeiro, Fundo de Cultura.

Coçukta del ve düsünnie, Instanbul, Devle Basimevi.

La psycologie et les valeurs religieuses, Genève, Labor.

«Une forme verbale de la comparaison chez l'enfant», *Archives de Psychologie,* 18, 141-172.

In collaborazione con P. ROSSELLO, «Note sur les types de description d'images chez l'enfant», *Archives de Psychologie,* 18, 208-234.

«La pensée symbolique et la pensée de l'enfant», *Archives de Psychologie,* 18, 273-304.

1924

Le jugement et le raisonnement chez l'enfant, Neuchâtel & Paris, Delachaux & Niestlé (II ed. 1930; III ed. 1947; IV ed. 1948; V ed. 1963).

Traduzioni:

Giudizio e ragionamento nel bambino, Firenze, La Nuova Italia, 1958 (II ed. 1966).

Judgment and Reasoning in the Child, New York, Harcourt & Brace, 1926 (II ed. 1938).

Sadi rozumowanie u dziecka, Lwow, Ksiaznica Atlas, 1939.

Coçukta hüküm ve himiakeve, Istanbul, Devle Basimevi, 1939.

El juicio y el razonamiento en el niño, Madrid, Ediciones de «La Lectura».

«Les traits principaux de la logique de l'enfant», *Journal de Psychologie,* 21, 48-101.

«L'espérience humaine et la causalité physique de L. Brunschwieg», *Journal de Psychologie,* 21, 586-607.

1925

«Psychologie et critique de la connaissance», *Archives de Psychologie,* 19, 193-210.

In collaborazione con MARGAIRAZ, «La structure des récits et l'interprétation des images de Dawid chez l'enfant», *Archives de Psychologie,* 19, 211-239.

«Quelques explications d'enfants relatives à l'origine des astres», *Journal de Psychologie,* 22, 677-702.

«De quelques formes primitives de causalité chez l'enfant», *L'Année psychologique,* 26, 31-71.

«Le réalisme nominal chez l'enfant», *Revue philosophique,* 54, 188-234.

«La représentation du monde de l'enfant», *Revue de Théologie et de Philosophie* (Lausanne), 13, 191-214.
«Malacologie valaisanne», *Bulletin de la Société La Murithienne* (Sion), 42, 82-112.
In collaborazione con H. KRAFFT, «La notion de l'odre des événements et le test des images en désordre», *Archives de Psychologie,* 19, 306-349.

1926
La représentation du monde chez l'enfant, Paris, Alcan (II ed. 1938, nuova ed. Paris, P.U.F., 1947).
Traduzioni:
La rappresentazione del mondo nel fanciullo, Torino, Einaudi, 1955; Torino, Boringhieri, 1966.
The Child's Conception of the World, New York, Harcourt & Brace, 1929, (Rist. New Jersey, Littlefield-Adams, 1960).
Jack sobie dziecko swiat przedstawia?, Lwow, Ksiaznica Atlas, 1933.
La representación del mundo en el niño, Madrid Espana Calpe, 1934.
Rinskô jidô shinrigaku (Vol. I), Tokyo, Hakuslisha, 1954.
Jidô no sekeikan (Vol II), Tokyo, Dôbum, 1955.
«El nacimento de la inteligenza en el niño» *Revista de Pédagogia* (Madrid), 5, 529-536.
«Chap. Psychology, in Review of the philosophical work in France and in French-speaking countries», *The Monist* (Chicago), 36, 430-455.

1927
La causalité physique chez l'enfant, Paris, Alcan.
Traduzioni:
La causalità fisica nel bambino, Roma, Newton Compton editori 1977.
The Child's Conception of Physical Causality, Totowa, N.J., Littlefield, Adams Patterson, 1960.
La causalidad fisica del niño, Madrid, Espasa Calpe.
«La première année de l'enfant», *The British Journal of Psychology,* 18, 97-120.
«L'explication de l'ombre chez l'enfant», *Journal de Psychologie,* 24, 230-242.

1928
In collaborazione con J. DE LA HARPE, *Deux types d'attitudes religieuses. Immanence et transcendance,* Genève, Labor.
«La causalité chez l'enfant», *The British Journal of Psychology,* 18, 276-301.
«La règle morale chez l'enfant», *Stiftung Lucerna,* 2, 32-45.
«Les trois systèmes de la pensée de l'enfant», *Bulletin de la Société française de Philosophie,* 28, 97-138.
«Psycho-pédagogie et mentalité enfantine», *Journal de Psychologie,* 25, 31-60.
«Logique génétique et sociologie», *Revue philosophique,* 167-205.
«Un problème d'hérédité chez la Limnée des étangs. Appel macologistes et aux amateurs en onchyliologie», *Bulletin de la Société zoologique de France,* 53, 13-18.
«Psychology», in E. L. SCHAUB (a cura di), *Philosophy Today,* Chicago e London, pp. 263-288.

1929
«L'adaptation de la Limnaea stagnalis aux milieux lacustres de la Suisse romande», *Revue suisse de Zoologie,* 36, 3-6.
«Les races lacustres de la Limnaea stagnalis. Recherches sur les rapports de l'adaptation héréditaire avec le milieu», *Bulletin biologique de la France et de la Belgique* (Paris), 63, 424-455.
«Les deux directions de la pensée scientifique. Compte rendu des séacens de la Société de Physique et d'Histoire naturelle de Genève», *Archives des Sciences physiques et naturelles,* 11, 145-162.

1930
Immanentisme et foi religieuse, Genève, Robert.
«Catalogue des invertébrés de la Suisse de G. Mermod» (Collab. al fasc. 18), Genéve, Albert Kundig.
«Les procédés de l'éducation morale», *Cinquième Congrès International d'Éducation morale,* Paris, Alcan, pp. 182-219.
«Le développement de l'esprit de solidarité chez l'enfant», *Troisième cours pour le personnel enseignant: Comment faire connaître la Société des Nations et développer l'esprit de coopération internationale.* Compte rendu des conférences données du 28 juillet au 2 août 1930, Genève, B.I.E., n. 8, pp. 52-55.
«La notion de justice chez l'enfant», *Troisième cours pour le personnel enseignant. Ibid.,* pp. 55-57.

1931
«Le développement intellectuel chez les jeunes enfants», *Mind,* 40, 137-160.
«Retrospective and Prospective Analysis in Child Psychology», *The British Journal of Education Psychology,* 1, 130-139.
«Children's Philosophies», In Murchison (a cura di), *A. Handbook of Child Psychology,* Worcester, Mass., pp. 377-391.
«Introduction psycologique à l'éducation internationale», *Quatrième cours pour le personnel enseignant: Comment faire connaître la Société des Nations et dévolopper l'esprit de coopération internationale. Compte rendu des conférences données du 3 au 8 août 1931,* Genève, B.I.E. n. 9, pp. 56-68.
«L'esprit de solidarité chez l'enfant et la collaboration internationale», *Bulletin de l'enseignement de la Société des Nations,* Genève, 2, 11-27.

1932
Le jugement moral chez l'enfant, Paris, Alcan (Nuova ed., Paris, P.U.F., 1957).
Traduzioni:
Il giudizio morale nel fanciullo, Firenze, Giunti-Barbera, 1972.
The Moral Judgment of the Child, New York, Harcourt (II ed. Glencoe, Ill, Free Press, 1948).
El juicio moral en el niño, Madrid, Beltran, 1935.
Das moralische Urteil beim Kinde, Zurich, Rascher Verlag, 1954.
Jidô Dôtoku Haudau no Hattatsu, Tokyo, Dôbun Shoin.
Sad moralny u dziecka, Varsovie, Panstwowe Wydawnictwo Naukowe, 1974.

Social Evolution and the New Education (Vol. 8.), London, New Education Fellowhisp.
«Les difficultès psychologiques de l'éducation internationale», *Cinquième cours pour le personnel enseignant. Comment faire connaîre la Société des Nations et développer l'esprit de coopération internationale. Compte rendu des conferences données du 24 au 30 juillet 1932,* Genève, B.I.E., n. 8, pp. 57-76.

1933
«Psychologie de l'enfant et enseignement de l'histoire», *Bulletin trim. de la Conférence internationale pour l'enseignement de l'histoire,* Paris, 2.
«Le Bureau International d'Education en 1931-1932. Rapport du directeur», *Annuaire International de l'Education et de l'Enseignement 1933,* Genève, B.I.E., n. 27, pp. 303-333.
«L'individualité en histoire. L'individu et la formation de la raison», in *L'individualité, 3me semaine internationale de Synthèse.* Fondation Pour la Science, Centre Internationale de Synthèse, Paris, Alcan, pp. 67-121.
«La psychanalyse et le développement intellectuel», *Revue française de psychanalyse,* 6, 404-408.

1934
«Remarques psychologiques sur le self-government», *Le self-government à l'école,* Genève, B.I.E., n. 38, pp. 89-108.
«Le Bureau International d'Education en 1932-1933. Rapport du directeur», *Annuaire International de l'Éducation et de l'Enseignement 1934,* Genève, B.I.E. n. 35. pp. 443-470.

1935
«Les théories de l'imitation», *Cahiers de pédagogie expérimentale et de psychologie de l'enfant,* Genève, 1935, n. 6.
«Préface» a A. REY, *L'intelligence pratique chez l'enfant,* Paris, Alcan, pp. VII-XII.
«Le Bureau International d'Éducation in 1933-1934. Rapport du directeur», *Annuaire International de l'Éducation et de l'Enseignement 1935,* Genève, B.I.E., n. 43, pp. 403-426.
«Remarques psychologiques sur le travail per équipes», *Le travail par équipes à l'école,* Genève, B.I.E., pp. 179-196.
«La naissance de l'intelligence chez le petit enfant», *Revue de pédagogie,* ULB (Bruxelles), 11, 56-83.

1936
La naissance de l'intelligence chez l'enfant, Neuchâtel & Paris, Delachaux & Niestlé (II ed. 1948; III ed. 1959; IV ed. 1963).
Traduzioni:
La nascita dell'intelligenza nel bambino, Firenze, Giunti-Barbera, 1968 (nuova ed. Firenze, Nuova Italia, 1973).
The Origins of Intelligence in Children, New York, International Universities Press (II ed. New York, Norton 1963).
The Origin of Intelligence in the Child, London, Routledge and Kegan Paul, 1953.
The Origin of Intelligence in Children, London, Bailey Bros, and Swinfen.

Navodziny inteligencji u dziecka, Varsovie, Panstwowe Wydawnictwo Naukowe, 1974.
«L'enseignement des langues vivantes», *Bulletin de l'enseignement de la Société des Nations,* Genève, 3, 61-66.
«Le Bureau International d'Éducation en 1934-1935. Rapport du directeur», *Annuaire International de l'Éducation et de l'Enseignement 1936,* Genéve, B.I.E., n. 50, pp. 429-450.

1937
La construction du réel chez l'enfant, Neuchâtel & Paris, Delachaux & Niestlé (II ed. 1950; III ed. 1963).
Traduzioni:
La costruzione del reale nel bambino, Firenze, la Nuova Italia, 1973.
The Costruction of Reality in the Child, New York, Basic Books, 1954.
The Child's Construction of Reality, London Routledge and Kegan Paul, 1955.
«Principal Factors Determining Intellectual Evolution from Childhood to Adult Life», *Harvard Tercentenary Celebration, 1936,* Cambridge, Mass, Harvard University Press.
«Les relations d'égalité résultant de l'addition et de la soustraction logiques constituent-elles un groupe?», *L'enseignement mathématique* (Genève), 1-2, 99-108.
«La philosophie de Gustave Juvet», *A la mémoire de Gustave Juvet,* Lausanne, 37-52.
«Remarques psychologiques sur les relations entre la classe logique et le nombre et sur les rapports d'inclusion», *Recueil de travaux de l'Université de Lausanne. Publ. à l'occasion du IVe centenaire de la fondation de l'Université,* Lausanne, pp. 59-85.
«L'enseignement de la Psychologie», *Documents officiels sur l'enseignement de la Psychologie dans la préparation des maîtres primaires et secondaires,* Genève, B.I.E., pp. 5-28.
«Le Bureau International d'Éducation en 1935-1936. Rapport du directeur», *Annuaire International de l'Éducation et de l'Enseignement 1937,* Genève, B.I.E., n. 56, pp. 405-420.

1938
«Le Bureau International d'Éducation en 1937-1938. *Rapport du directeur à la neuvième réunion du Conseil,* Genève, B.I.E.
«Le problème de l'intelligence et de l'habitude: Réflexe conditionné, "Gestalt" ou assimilation», XI *Congrès international de Psychologie, Paris 1937,* Paris, pp. 170-183.
«La réversibile des opérations et l'importance de la notion de "groupe" pour la psychologie de la pensée», XI *Congrès internationale de Psychologie, Paris 1937,* Paris, pp. 433-435.

1939
«Le Bureau International d'Éducation en 1938-1939», *Rapport du directeur à la dixième réunion du Conseil,* Genève, B.I.E.
«Les méthodes nouvelles, leurs bases psychologiques», *Encyclopédie Française,* 15(26), 4-16.
«Méthodes fondées sur les mecanismes individuels de la pensée», *Encyclopédie Française,* 15(28), 1-10.

«Méthodes fondées sur la vie sociale de l'enfant», *Encyclopédie Française*, 15(28), 10-13.
In collaborazione con A. SZEMINSKA, «Quelques expériences sur la conservation des quantités continues chez l'enfant», *Journal de Psychologie*, 36, 36-64.
«La construction psychologique du nombre entier. Compte rendu des séances de la Société de Physique et d'Histoire naturelle de Genève». *Archives des sciences physiques et naturelles*, 92-95.

1940
«Le Bureau International d'Èducation en 1939-1940. Rapport du directeur», Genève B.I.E.
«Essai sur la théorie des valeurs qualitatives en sociologie statique», *Mublications de la Faculté des Sciences économiques et sociales de l'Université de Genève*, 3, 31-79.
«Le groupement additif des relations transitives asymétriques. Mélanges Arnold Reymond», *Revue de Théologie et de Philosophie* (Lausanne), 146-152.

1941
In collaborazione con A. SZEMINSKA, *La genèse du nombre chez l'enfant*, Neuchâtel & Paris, Delachaux & Niestlé (II ed. 1950; III ed. 1964).
Traduzioni:
La genesi del numero nel bambino, Firenze, la Nuova Italia, 1968.
The Child's Conception Of Number, London, Routledge and Kegan Paul, 1952 (II ed. 1961; III ed. 1965).
Die Entwicklung des Zahlbegriffes beim Kind, Stuttgart, Klett-Verlag, 1965.
Kazu no hattatsu shingrigaten, Tokyo, Kokudosha, 1962.
In collaborazione con B. INHELDER, *Le développement des quantités chez l'enfant. Conservation et atomisme*, Neuchâtel & Paris, Delachaux & Niestlé. 1941.
Traduzione:
Lo sviluppo delle quantità fisiche nel bambino, Firenze, la Nuova Italia, 1971.
Le développement des quantités physiques chez l'enfant. Conservation et atomisme. II ed., augmentée, *ibid.*, 1962.
Traduzione:
Ryo no hatatsu shingrigaku, Tokyo, 1965.
«Le Bureau International d'Èducation en 1940-1941. Rapport du directeur», Genève, B.I.E.
«Esprit et réalité», *Annuaire de la Société suisse de Philosophie*, 1, 40-47.
«La psychologie d'Édouard Claparède», *Archives de Psychologie*, 28, 193-213.
«Le mécanisme du développement mental et les lois du groupement des opérations. Esquisse de l'une théorie opératoire de l'intelligence», *Archives de Psychologie*, 28, 215-285.
«Quelques observations sur le développement psychologique de la notion de temps. Compte rendu des séances de la Société de Physique et d'Histoire naturelle de Genève», *Archives des sciences physiques et naturelles*, 21-24.
«L'axiomatique des opérations constitutives du temps», *Archives des sciences physiques et naturelles*, 24-28.
«Le rôle de la tautologie dans la composition additive des classes et des

ensembles», *Archives des sciences physiques et naturelles,* 102-107,
«Le groupement additif des classes», *Archives des sciences physiques et naturelles,* 107-112.
«Le groupement additif des relations asymétriques (sériation qualitative) et ses rapports avec le groupement additif des classes», *Archives des sciences physiques et naturelles,* 117-122.
«Sur les rapports entre les groupements additifs des classes et relations asymétriques et le groupe additif des nombres entiers», *Archives des sciences physiques et naturelles,* 122-126.
«Les groupements de la classification complète et de l'addition des relations symétriques», *Archives des sciences physiques et naturelles,* 149-154.
«Les groupements de la multiplication biunivoque des classes et de celle des relations», *Archives des sciences physiques et naturelles,* 154-159.
«Les groupements de la multiplication co-univoque des classes et des relations», *Archives des sciences physiques et naturelles,* 192-197.
«La fonction régulatrice du groupement dans le développement mental: Esquisse d'une théorie opératoire de l'intelligence», *Archives des sciences physiques et naturelles,* 198-203.

1942
Classes, relations et nombres. Essai sur les groupements de la logistique et sur la réversibilité de la pensée, Paris, Vrin.
«Le Bureau International d'Èducation en 1941-1942. Rapport du directeur», Genève, B.I.E.
«Les trois structures fondamentales de la vie psychique: Rythme, régulation et groupement», *Revue suisse de Psychologie,* 1, 9-21.
«Une expérience sur le développement de la notion du temps», *Revue suisse de Psychologie,* 1, 179-185.
In collaborazione con M. LAMBERCIER, E. BOESCH e B. V. ALBERTINI, «Introduction à l'étude des perceptions chez l'enfant et analyse d'une illusion relative à la perception visuelle de cercles concentriques (Delboeuf)», *Archives de psychologie,* 29, 1-107.
«La notion de régulation dans l'étude de illusions perceptives. Compte rendu des séances de la Société de Physique et d'Histoire naturelle de Genève», *Archives des sciences physiques et naturelles,* 72-74.
«Psychologie et Pédagogie genevoises», *Suisse Contemporaine,* 427-431.
«Intellectual Evolution», in *Science and Man,* New York, Harcout and Brace, pp. 409-422.

1943
«Préface a B. INHELDER, *Le diagnostic du raisonnement chez les débiles mentaux,* Neuchâtel & Paris, Delachaux & Niestlé, pp. 1-4. (II ed. 1963, pp. 1-3).
«Le développement mental de l'enfant», *Juventus Helvetica. Notre jeune génération,* Zurich, Litteraria, pp. 19-76.
Traduzione:
«Die geistige Entwicklung des Kindes», *Juventus Helvetica, Unsere junge Generation,* Zurich, M.S. Metz, 1944, pp. 31-92.
In collaborazione con M. LAMBERCIER, «La comparaison visuelle des hauteurs à distances variables dans le plan frontoparallèle», *Archives de Psycologie,* 29, 173-253.
In collaborazione con M. LAMBERCIER, «Le problème de la comparaison

visuelle en profondeur et l'erreur systématique de l'étalon», *Archives de Psychologie,* 29, 255-308.
«La perception chez les vertébrés supérieurs et chez le jeune enfant», *Revue suisse de Zoologie,* 50, 225-232.
«Interprétation probabiliste de la loi de Weber et de celle des centrations relatives», Compte rendu des séances de la Société de Physique et d'Histoire naturelle de Genéve, *Archives des Sciences physiques et naturelles,* 200-204.

1944
«Les relations entre la morale et le droit», in *Mélanges d'études économiques et sociales offerts à William E. Rappard,* Publication de la Faculté des Sciences économiques et sociales de l'Université de Genève, 8, 19-54.
«L'organisation et l'esprit de la psychologie à Genève», *Revue suisse de Psychologie,* 3, 97-104.
In collaborazione con B. ALBERTINI e M. ROSSI, «Essai d'interprétation probabiliste de la loi de Weber et de celle des centrations relatives», *Archives de Psychologie,* 30, 95-138.
In collaborazione con M. LAMBERCIER, «Essai sur un effet d'Einstellung survenant au cours de perceptions visuelles successives (effet Usnadze)», *Archives de Psychologie,* 30, 139-196&

1945
In collaborazione con B. INHELDER, «Espériences sur la construction projective de la ligne droite chez l'enfant de 2 à 8 ans», *Cahiers de Pédagogie expérimentale et de Psychologie de l'enfant,* 2, 1-17.
«Préface», a M. RAMBERT, *La vie affective et morale de l'enfant,* Neuchâtel & Paris, Delachaux & Niestlé, pp. 3-4.
«Hommage à C.G. Jung», *Revue suisse de Psychologie,* 4, 160-171.
«Les opérations logiques et le vie sociale», in *Publ. Fac. Sc. Econ. et sociales de l'Union de Genève,* 9.

1946
La formation du symbole chez l'enfant, Neuchâtel & Paris, Delachaux & Niestlé, (II ed. 1959; III ed. 1964).
Traduzioni:
La formazione del simbolo nel bambino. Imitazione, gioco, sogno, immagine, rappresentazione, Firenze, La Nuova Italia, 1972.
Play, Dreams, Imitation in Childhood, New York, Norton, 1951.
Play, Dreams and Imitation in Childhood, London, Heinemann, 1951.
Le développement de la notion de temps chez l'enfant, Paris, P.U.F.
Traduzione:
Die Bildung des Zeitbegriffs beim Kinde, Zurich, Rascher Verlag, 1955.
Les notions de mouvement et de vitesse chez l'enfant, Paris, P.U.F.
Traduzione:
Le nozioni di movimento e velocità nel bambino, Roma, Newton Compton editori, 1975.
In collaborazione con F. GONSETH, «Groupement, groupes et lattices», *Archives de Psychologie,* 31, 65-73.
In collaborazione con M. LAMBERCIER, «Traspositions perceptives et transitivité opératoire dans les comparaisons en profondeur», *Archives de Psychologie,* 31, 325-368.

1947
La psychologie de l'intelligence, Paris, A. Colin (nuove edizioni 1947, 1949, 1952, 1956, 1961, 1962, 1964, 1965).
Traduzioni:
Psicologia dell'Intelligenza, Firenze, Editrice Universitaria, 1952.
Psychologie der Intelligenz, Zurich, Rascher Verlag, 1958.
The Psychology of Intelligence, London Routledge and Kegan Paul, 1950 (ristampa, New Jersey, Littlefield, Adams, Patterson, 1960).
Intelligensens Psykologi, Stockholm, Natur ochs Kultur, 1951.
Psicologia de la Inteligencia, Buenos Aires, 1956.
Psicologia da inteligência, Rio de Janeiro, Fundo de Cultura, 1958.
E psychologia tes noemosynes, Athenai, 1958.
«Préface» a L. JOHANNOT, *Le raisonnement mathématique de l'adolescent,* Neuchâtel & Paris, Delachaux & Niestlé.
«Préface» a N. KOSTYLEFF, *La réflexologie et les essais d'une psychologie structurale,* Neuchâtel & Paris, Delachaux & Niestlé, pp. 7-10.
«Préface» a ED. CLAPARÈDE, *Psychologie de l'enfant et pédagogie expérimentale,* Neuchâtel & Paris, Delachaux & Niestlé, pp. 7-31.
Traduzione:
ED. CLAPARÈDE, *Pedagogia sperimentale. I metodi,* Con uno studio di J. Piaget sulla Psicologia di Edouard Claparède, Firenze, Ed. Universitaria, 1956.
«Du rapport des Sciences avec la Philosophie», *Synthèse,* 130-150.
In collaborazione con B. INHELDER, «Diagnosis of Mental Operations and Theory of the Intelligence», *American Journal of Mental Deficiency,* 51, 401-406.
«Des intuitions topologiques élémentaires à la construction euclidienne dans le développement psychologique de l'espace (titre de communication). Compte rendu des séances de la Société de Physique et d'Histoire naturelle de Genève», *Archives des Sciences physiques et naturelles,* 64, 31.
«La soustraction des surfaces partielles congruentes à deux surfaces totales égales», *Miscellanea Psychologica Albert Michotte,* Louvain & Paris, Nauwelaerts & Vrin, pp. 167-180.

1948
In collaborazione con B. INHELDER, *La représentation de l'espace chez l'enfant,* Paris, P.U.F.
Traduzioni:
La rappresentazione dello spazio nel bambino, Firenze, Giunti-Barbera, 1976.
The Child's Conception of Space, London, Routledge and Kegan Paul, 1956.
In collaborazione con B. INHELDER e A. SZEMINSKA, *La géométrie spontanée de l'enfant,* Paris, P.U.F.
Traduzioni:
La geometria spontanea del bambino, Firenze, Giunti-Barbera, 1976.
The Child's Conception of Geometry, London, Routledge and Kegan Paul 1960.
«L'analyse psycho-génètique et l'épistémologie des sciences exactes», *Synthése,* 32-49.
«Pierre Janet», *Archives de Psychologie,* 32, 235-237.

1949

Traité de logique. Essai de logistique opératoire, Paris, A. Colin.

«La genèse du nombre chez l'enfant», in *Imitation au calcul* (bambini da 4 a 7 anni) (in collaborazione con B. BOSCHER, A. CHALET), *Cahiers de pédagogie moderne,* Paris, Bourrelier, pp. 5-28.

Traduzioni:

Avviamento al calcolo, Firenze, La Nuova Italia, 1956, pp. 3-45.

L'insegnamento della matematica, Firenze, La Nuova Italia, 1960, pp. 1-35.

«Die Genese der Zahl beim Kinde», in *Rechnenunterricht und Zahlbegriff,* Westermann Taschenbuch (Theorie und Praxis der Schule), 1964, pp. 50-72 (II ed. 1965).

«The Right to Education in the Modern World», in UNESCO, *Freedom and Culture,* New York, Columbia University Press, 1951, pp. 67-116.

Traduzione:

Il diritto all'educazione nel mondo attuale, Milano, Comunità, 1951. «Le groupe des transformations de la logique des propositions bivalents. Compte rendu des séances de la Société de Physique et d'Histoire naturelle de Genève», *Archives des Sciences physiques et naturelles,* 154, 179-182.

«Le problème neurologique de l'intériorisation des actions en opérations réversibles», *Archives de Psychologie,* 32, 241-258.

In collaborazione con H. WÜRSTEN e L. JOHANNOT, «Les illusions relatives aux angles et à la longueur de leurs côtés», *Archives de Psychologie,* 32, 281-307.

«Remarques psychologiques sur l'enseignement élémentaire des Sciences naturelles», in *L'initiation aux Sciences naturelles à l'école primaire,* Genève, UNESCO-B.I.E., 110, 35-45.

1950

Introduction à l'épistémologie génétique, tome I: *La pensée mathématique,* Paris, P.U.F.

Introduction à l'épistémologie génétique, tome II: *La pensée physique,* Paris, P.U.F.

Introduction à l'épistémologie génétique, Tome III: *La pensée biologique, la pensée psychologique et la pensée sociologique,* Paris, P.U.F.

«Schémas mathématiques, biologiques et physiques», *Études de Philosophie des Sciences en hommage à Ferdinand Gonseth, à l'occasion de son 60ᵉ anniversaire,* Neuchâtel, Éd. du Griffon, pp. 143-146.

«La psychologie de l'enfant, de 1946 à 1948», in *Institut International de Philosophie,* XIV: *Psychologie, Phénoménologie e Existentialisme,* Paris, Hermann, pp. 89-111.

In collaborazione con B. VON ALBERTINI, «L'illusion de Müller-Lyer», *Archives de Psychologie,* 33, 1-48.

«Sur la logique des propositions. Compte rendu des séances de la Société de Physique et d'Histoire naturelle de Genève», *Archives des Sciences physiques et naturelles,* 155, 159-161.

«Épistémologie génétique et méthodologie dialectique», *Dialectica,* 4, 287-295.

«Perception et intelligence», *Bulletin du groupe d'études de psychologie de l'Université de Paris,* 4, 1-2, 25-34.

In collaborazione con B. INHELDER, «Le rôle des opérations dans le développement de l'intelligence», *Proceedings and Papers of the* XIIth

International Congress of Psychology, Edinburgh 1948, Edinburgh, Oliver and Boyd, pp. 102-103.
«Droits à l'éducation dans le monde actuel. Les Droits de l'esprit», in *Collection Droits de l'Homme,* Paris, UNESCO, pp. 21-72.
«Une expérience sur la psychologie du hasard chez l'enfant: Le tirage au sort des couples», *Acta psychologica,* 7, 323-336.
«L'utilité de la logistique en psychologie», *L'année psychologique,* 50. 27-28.

1951
In collaborazione con B. INHELDER, *La genèse de l'idée de hasard chez l'enfant,* Paris, P.U.F.
Traduzione:
La genesi dell'idea di fortuito nel bambino, Roma, Newton Compton 1976.
«Préface» a H. AEBLI, *Didactique psychologique. Application à la didactique de la psychologie de Jean Piaget,* Neuchâtel & Paris, Delachaux & Niestlé, pp. V-VI.
In collaborazione con B. INHELDER, «Die Psychologie der frühen Kindheit», in D. KATZ (a cura di), *Handbuch der Psychologie,* Bâle, pp. 232-271 (II ed. 1959-60).
«Intelligenza», *Enciclopedia medica italiana,* 617-622.
In collaborazione con M. LAMBERCIER, «La comparaison des grandeurs projectives chez l'enfant et chez l'adulte», *Archives de Psychologie,* 33, 81-130.
In collaborazione con M. LAMBERCIER, «La perception d'un carré animé d'un mouvement de circumduction (effet Auersperg et Buhrmester)», *Archives de Psychologie,* 33, 131-195.
«Pensée égocentrique et pensée sociocentrique», *Cahiers internationaux de sociologie,* 10, 34-49.
In collaborazione con A.M. WEIL, «Le développement chez l'enfant de l'idée de la patrie et des relations avec l'étranger», *Bulletin International des Sciences sociales,* Paris, UNESCO. 3, 605-621.
«Du rapport des Sciences avec la Philosophie», *Synthèse,* 130-150.
«Préface» a R. WAVRE, *La figure du monde: Essai sur le problème de l'espace, des Grecs à nos jours,* Neuchâtel, La Baconnière, pp. 7-11.

1952
Essai sur les transformations des opérations logiques. Les 256 opérations ternaires de la logique bivalente des propositions, Paris, P.U.F.
«Autobiographie», in C. MURCHISON e E.G. BORING (a cura di), *A History of Psychology in Autobiography,* Vol. 4, Worcester, Mass., Clark University Press, pp. 237-256.
«De la psychologie génétique à l'épistémologie», *Diogène,* 1, 38-54.
«La logistique axiomatique ou "pure", la logistique opératoire ou psychologique et les réalités auxquelles elles correspondent», *Methodos* (Milano», 72-84.
«Quelques illusions géométriques renversées», *Revue suisse de Psychologie,* 11, 19-25.
«Equilibre et structures d'ensemble», (leçon inaugurale en Sorbonne), *Bulletin de Psychologie,* 1952/53, 6, numero spécial, 4-10.
«Contribution à le théorie générale des structures (I: intellectuelles; II:

perceptives)», *Proceedings and Papers of the XIIIth International Congress of Psychology at Stockholm,* 1951, Stockolm, pp. 197-199.

1953

Logic and Psychology, Manchester, University Press, 1953.
Traduzione:
Logica e psicologia, Firenze, Nuova Italia, 1969.
«Préface» a R. GIROD, *Attitudes collectives et relations humaines. Tendances actuelles des Sciences sociales américaines,* Paris, P.U.F., pp. VII-IX.
In collaborazione con P. OSTERRIETH, «L'évolution de l'illusion d'Oppel-Kundt en fonction de l'âge», *Archives de Psychologie,* 34, 1-38.
In collaborazione con M. LAMBERCIER, «La comparaison des différences de hauteur dans de plan fronto-parallèle», *Archives de Psychologie,* 34, 73-107.
In collaborazione con M. DENIS-PRINZHORN, «L'estimation perceptive des côtes du rectangle», *Archives de Psychologie,* 34, 109-131.
«La période des opérations formelles et le passage de la logique de l'enfant à celle de l'adolescent», *Bulletin de Psychologie,* 1953/54, 7, 247-253.
«How Children Form Mathematical Concepts», *Scientific American,* 189 (5), 74-79.
«Structures opérationnelles et cybernétiques. Actes de la Ire Session d'études de l'Association de Psychologie scientifique de langue française: Le système nerveux et la psychologie, Paris, 1952», *Année psychologique,* 53 (1), 379-388.
«La centration perceptive et les illusions primaires et secondaires. Actes de la Société française de Psychologie (séance du 7 mars 1953)», *L'année psychologique,* 53, 722-724.
«Méthode axiomatique et méthode opérationnelle», *Synthèse,* 23-43.

1954

«La vie et la pensée, du point de vue de la psychologie expérimentale et de l'épistémologie génétique», *VIIe Congrés des Sociétés de Philosophie de langue française,* Grenoble, 1954, 17-23.
«La langage et la pensée du point de vue génétique», in G. REVESZ (a cura di), *Thinking and Speaking,* (Symposium), Amsterdam, North Holland, pp. 51-60.
«Problems of Consciousness in Child Psychologie: Developmental Changes in Awareness», in H.A. ABRAMSON (a cura di), *Problems in Consciousness. Transactions of the IVth Conference, 1953, Princeton, N.J.,* New York, J. Macy Foundation, pp. 136-177.
In collaborazione con F. MAIRE e F. PRIVAT, «La résistance des bonnes formes à l'illusion de Müller-Lyer», *Archives de Psychologie,* 34, 155-202.
In collaborazione con B. STETTLER VON ALBERTINI, «Observation sur la perception des bonnes formes chez l'enfant par actualisation des lignes virtuelles», *Archives de Psychologie,* 34, 203-242.
In collaborazione con A. MORF, «L'action des facteurs spatiaux et temporels de contration dans l'estimation visuelle des longueurs», *Archives de Psychologie,* 34, 243-288.
In collaborazione con M. DENIS-PRINZ HORN, «L'illusion des quadrilatères partiellement superposés chez l'enfant et chez l'adulte», *Archives de Psycologie,* 32, 289-321.
«Ce qui subsiste de la théorie de la Gestalt dans la Psychologie contem-

poraine de l'intelligence et de la perception», *Revue suisse de Psychologie,* 13, 72-83.
«Inconditionnés trascendentaux et épistémologie génétique», *Dialectica,* 8, 5-13.
Les relations entre l'affectivité et l'intelligence dans le développement mental l'enfant, Paris, C.D.U.

1955
In collaborazione con B. INHELDER, *De la logique de l'enfant à la logique de l'adolescent,* Paris, P.U.F.
Traduzioni:
Dalla logica del fanciullo alla logica dell'adolescente, Firenze, Giunti-Barbera, 1971.
The Growth of Logical Thinking from Childhood to Adolescence. (An essay on the construction of formal operational structures), New York, Basic Books, 1958.
«Préface» a W.D. WALL, *Éducation et santé mentale,* Paris, UNESCO, 1955, pp. 5-6.
«Les lignes générales de l'épistémologie génétique», *Actes du IIe Congrès de l'Union Internationale de Philosophie des Sciences, Zurich, 1954,* Neuchâtel, Édition du Griffon, pp. 26-45.
«The development of Time Concepts in the Child», in P.H. HOCH e J. ZUBIN (a cura di), *Psychology of Childhood,* New York, Grune and Stratton, pp. 34-44.
«Percentual and Cognitive (or Operational) Structures in the Development of the Concept of Space in the Child», *Proceedings and Papers of the XIVth International Congress of Psychology, Montreal, 1954,* Amsterdam, North Holland, pp. 41-46.
«Les structures mathématiques et le structures opératoires de l'intelligence», in J. PIAGET *et al.* (a cura di), *L'enseignement des mathématiques,* Neuchâtel & Paris, Delachaux & Niestlé, pp. 11-34 (nuova ed. 1965).
Traduzione:
«La enseñanza de las matemáticas», Madrid, Aguilar.
«Essai d'une nouvelle interprétation probabiliste des effets de centration de la loi de Weber et de celle des centrations relatives», *Archives de Psychologie,* 35, 1-24.
In collaborazione con A. MORF, «Note sur l'illusion des droites inclinées», *Archives de Psychologie,* 35, 65-76.
In collaborazione con F. PÈNE, «Essai sur l'illusion de la médiane des angles en tant que mesure de l'illusion des angles», *Archives de Psychologie,* 35, 77-92.
«La perception», *Rapport au IIe Symposium de l'Association de Psychologie scientifique de langue française, Louvain, 1953,* Paris, P.U.F., pp. 17-30. Discussion: pp. 49-51, 52, 59-60, 78-81.
Traduzione:
In *Psicologia della percezione,* Roma, Newton Compton editori, 1973, (pp. 41-57, 109-116).

1956
«Préface» a L. MULLER, *Recherches sur la compréhension de règles algébriques chez l'enfant,* Neuchâtel & Paris, Delachaux & Niestlé, pp. 1-3.

«Centration et décentration perceptives et représentatives», *Rivista di Psicologia,* Firenze, 50 (4).
«Motricité, perception et intelligence», *Enfance,* 9 (2), 9-14.
In collaborazione con VINH BANG, «Comparaison de l'illusion d'Oppel-Kundt au tachistoscope et en vision libre. Compte rendu des séances de la Société de Physique et d'Histoire naturelle de Genève», *Archives des Sciences physiques et naturelles,* 161, 210-213.
«Problemy genetîcheskoi psikhologii», *Voprossy Psikhologuii,* Moskwa, 2, 30-47.
In collaborazione con E. VURPILLOT, «La surestimation de la courbure des arcs de cercle», *Archives de Psychologie,* 35, 215-232.
In collaborazione con A. MORF, «Note sur la comparaison des lignes perpendiculaires égales», *Archives de Psychologie,* 35, 233-255.
In collaborazione con M. LAMBERCIER, «Grandeurs projectives et grandeurs réelles avec atalon éloigné», *Archives de Psychologie,* 35, 257-280.
In collaborazione con A. MORF, «Les comparaisons verticales à faible intervalle», *Archives de Psychologie,* 35, 289-319.
In collaborazione con M. LAMBERCIER, «Les comparaisons verticales à intervalles croissants», *Archives de Psychologie,* 35, 321-367.
«Quelques impressions d'une visite aux psychologues soviétiques», *Bulletin international des Sciences sociales,* 8, 401, 404.
«Some Impressions of a Visit to Soviet Psychologists», *American Psychologists,* 11, 343-345.
«Some Impressions of a Visit to Soviet Psychologists», *Acta Psychologica,* 12, 216-219.
In J.M. TANNER e B. INHELDER (a cura di), *Discussions on Child Development. The Proceedings of the First Meeting of the World Health Organization Study Group on the Psychobiological Development of the Child, Geneva 1953,* London, Tavistock Publications, Vol. 1. Biography: pp. 31-33; Discussion: pp: 31-33, 69-70, 71, 89-90, 93-94, 101, 104-105, 149.
Traduzione:
In J.M. TANNER e B. INHELDER (a cura di), *Entretiens sur le développement psycho-biologique de l'enfant,* Neuchâtel & Paris, Delachaux & Niestlé, 1960. Biographie: pp. 32-34; Discussion: pp. 74-75, 76-77, 96-97, 100, 108-109, 112-113, 161.
In J.M. TANNER e B. INHELDER (a cura di), *Discussions on Child Development. The Proceedings of the Second Meeting of the World Health Organization Study Group on the Psychobiological Development of the Child. London, 1954,* London, Tavistock Publications. Vol. 2. Discussion: pp. 24, 58-60, 61, 62.
«Les stades du développement intellectuel de l'enfant et de l'adolescent», *Le Problème des Stades en Psychologie de l'Enfant. IIIe Symposium de l'Association de Psychologie scientifique de langue française. Genève, 1955,* Paris, P.U.F., pp. 33-42; Discussion: pp. 56-61, 73-74.
Traduzione:
Los estadios en la psicologia del niño, Buenos Aires, Editorial Lautario, 1963, pp. 40-49; Discussion: pp. 82-116.

1957
Études d'épistémologie génétique I:
«Le Centre international d'Épistémologie génétique et les Études d'Épistémologie génétique», introduction au Vol. I: *Épistémologie génétique*

et recherche psychologique, di E. W. BETH, W. MAYS e J. PIAGET, Paris, P.U.F., pp. 1-13.
«Programme et méthodes de l'Épistémologie génétique», *Ibid.,* pp. 13-84.
Traduzione:
Epistemologia genetica e investigacion psicologica, Buenos Aires, Nueva Vision, 1959.
Études d'épistémologie génétique II:
«Logique et équilibre dans les comportements du sujet», in Vol. II: *Logique et équilibre,* di L. APOSTEL, B. MANDELBROT e J. PIAGET, Paris, P.U.F., pp. 27-117.
Etudes d'épistémologie génétique III:
Introduction au Vol. III: *Logique langage et théorie de l'information,* di L. APOSTEL, B. MANDELBROT, e A. MORF, Paris, P.U.F., pp. V-VI.
Études d'épistémologie génétique IV:
Les liaisons analytiques et synthetiques dans les comportaments du sujet, di L. APOSTEL, W. MAYS, A. MORF, e J. PIAGET, con B. MATALON, Paris, P.U.F., Vol. IV.
«L'actualité de J.A. Comenius», Préface à *J. A. Comenius. Pages choisies,* Hommage de l'UNESCO à l'occasion du trois-centième anniversaire de la publication des «Opera didactica omnia», 1657-1957, Paris, UNESCO, pp. 11-38.
«Les activités mentales en rapport avec les expressions symboliques, logiques et mathématiques», *Synthèse,* 127-195.
«Les notions de vitesse, d'espace parcouru et de temps chez l'enfant de 5 ans», *Enfance,* 10, 9-42.
«The Child and Modern Physics», *Scientific American,* 196 (3), 46-51.
In «Colloque sur l'importance du mouvement dans le développement psychologique de l'enfant», *Psychologie française,* 2 (1), 26-27.
«Le mythe de l'origine sensorielle des connaissances scientifiques», *Actes de la Société helvétique des Sciences Naturelles,* 20-34.
«Épistémologie de la relation», in ANTHONY *et al., L'évolution humaine. Spéciation et relation,* Paris, Flammarion, pp. 145-176.

1958
Études d'épistémologie génétique V:
«La deuxième année d'activité et le deuxième Symposium du Centre International d'Épistémologie génétique», introduction au Vol. V: *La lecture de l'expérience,* di A. JONCKHEERE, B. MANDELBROT e J. PIAGET, Paris, P.U.F., pp. 1-27.
«Assimilation et connaissance», *Ibid.,* pp. 49-108.
Études d'épistémologie génétique VI:
In collaborazione con A. MORF, «Les isomorphismes partiels entre les structures logiques et les structures perceptives», in Vol. VI: *Logique et perception,* di J. S. BRUNER, F. BRESSON, A. MORF, J. PIAGET, Paris, P.U.F., pp. 49-116.
In collaborazione con A. MORF, «Les préinférences perceptives et leurs relations avec les schémes sensori-moteurs et opératoires», *Ibid.,* pp. 117-155.
In collaborazione con M. LAMBERCIER, «La causalité perceptive visuelle chez l'enfant et chez l'adulte», *Archives de Psychologie,* 36, 77-201.
In collaborazione con J. MAROUN, «La localisation des impressions d'impact dans la causalité perceptive tactilo-kinesthésique», *Archives de Psychologie,* 36, 202-235.

In collaborazione con M. WEINER, «Quelques interférences entre la perception de la vitesse et la causalité perceptive», *Archives de Psychologie,* 36, 236-252.

In collaborazione con Y. FELLER e E. MCNEAR, «Essai sur la perception des vitesses chez l'enfant et chez l'adulte», *Archives de Psychologie,* 36, 253-327.

In collaborazione con VINH BANG e MATALON, «Note on the Law of the Temporal Maximun of Some Opticogeometric Illusions», *The American Journal of Psychology,* 71 (Dallenbach commemorative number), 277-282.

In J. M. TANNER e B. INHELDER (a cura di), *Discussions on Child Development,* «The Proceedings of the Third Meeting of the World Health Organization Study Group on the Psychobiological Development of the Child», Geneva, 1955, London, Tavistock Publications. Vol. 3 Discussion: pp. 114, 154-156, 157.

In Le conditionnement et l'apprentissage. IVe Symposium de l'Association de Psychologie scientifique de langue française 1956, Paris, P.U.F., Discussion: pp. 158-165.

1959

In collaborazione con B. INHELDER, *La genèse des structures logiques élémentaires, classifications et sériations,* Neuchâtel & Paris, Delechaux & Niestlé.

Traduzioni:

The Early Growth of Logic in the Child (Classification and Seriation), London, Routledge and Kegan Paul, 1964; New York, Harper, 1964.

Genezis elementarnih logičeskih struktur, Moskwa Izd. inostr. Lit., 1963.

Études d'épistémologie génétique VII:

«La troisième année d'activité du Centre et le troisieme Symposium international d'Épistémologie génétique», introduction au Vol. VII: *Apprentissage et connaissance,* di P. GRECO e J. PIAGET, Paris, P.U.F., p. 1-20.

«Apprentissage et connaissance» (première partie», *Ibid.,* pp. 21-67.

Études d'épistémologie génétique X:

«Apprentissage et connaissance» (seconde partie», in Vol. X: *La logique des apprentissages,* di M. GOUSTARD, P. GRÉCO, B. MATALON e J. PIAGET, Paris, P.U.F., pp. 159-188.

«L'Institut des Sciences de l'Éducation de 1914 à 1956», *L'Histoire de l'Université de Genève,* Genève, Georg, 4, 307-316.

«Les modèles abstraits sont-ils opposés aux interprétations psychophysiologiques dans l'explication en psychologie? Esquisse et autobiographie intellectuelle» (avec une photographie et un manuscrit fac-similé), *Bulletin de Psychologie,* 1959-60, 13 (1-2), n. 169, 7-13.

In collaborazione con J. RUTSCHMANN e B. MATALON, «Nouvelles mesures des effets de centration en présentation tachistoscopique», *Archives de Psychologie,* 37, 140-165.

«Perception, apprentissage et empirisme», *Dialectica,* 13, 5-15.

«Le rôle de la notion d'équilibre dans l'explication en psychologie. Actes du XVe Congrès International de Psychologie, Bruxelles 1957», *Acta Psychologica,* 15, 51-52.

«Pourquoi la formation des notions ne s'explique jamais par la seule perception», *Acta Psychologica,* 15, 314-316.

«Die relationale Methode in der Psychologie der Wahrnehmung», *Zeitsch-rift für experimentelle und angewandte Psychologie,* 6, 78-94.

1960

Études d'épistémologie génétique XI:

«La quatrième année d'activité (1958-59) et le quatrième Symposium (22-26 juin 1959) du Centre International d'Épistémologie génétique. Problémes de la construction du nombre», Introduction au Vol. XI, *Problèmes de la construction du nombre,* di P. GRECO, J. B. GRIZE, S. PAPERT, e J. PIAGET, Paris, P.U.F., pp. 1-68.

Études d'épistémologie génétique XII:

«La portée psychologique et épistémologique des essais néohulliens de D. Berlyne», in Vol. XII: *Théorie du comportement et opérations,* di D. E. BERLYNE e J. PIAGET, Paris, P.U.F., pp. 105-123.

«Chronique de l'Institut des Sciences de l'Éducation, Section Psychologie», *Bastions de Genève,* n. 5, 102-105.

«Genèse actuelle et maxima perceptif», *Proceedings of the Sixteenth International Congress of Psychology. Bonn,* 1960, Amsterdam, North Holland, pp. 81-82.

«Développement et apprentissage perceptif», *Ibid.,* pp. 323-325.

«Préface» a M. MARGOT, *L'École opérante. Psychopédagogie de l'élaboration mathématique,* Neuchâtel & Paris, Delachaux & Niestlé, pp. I-II.

«Les praxies chez l'enfant», *Revue neurologique,* 102 (6), 551-565.

«L'aspect génétique de l'oeuvre de Pierre Janet», *Psychologie française,* 5 (2), 111-117.

«Les modèles abstraits sont-ils opposés aux interprétations psychophysiologiques dans l'explication en psychologie?», *Revue suisse de Psychologie,* 14, 57-65.

«Problèmes de la psycho-sociologie de l'enfance», in GURVITCH (a cura di), *Traité de Sociologie,* Paris, P.U.F., Vol. 2, pp. 229-254.

«Wahrnehmungskonstanzen und Kausalitätswahrnehmung», *Psychologische Beitrage,* 1-2, 183-229.

In J.M. TANNER e B. INHELDER (a cura di), *Discussions on Child Development, The Proceedings of the Fourth Meeting of the World Health Organization Study Group on the Psychobiological Development of the Child, Geneva, 1956,* London, Tavistock Publications, Vol. 4; *The general problems of the psychological development of the child,* pp. 3-27. Discussions: pp. 77-83, 89-94, 95-96, 98-105, 106, 108-109, 110-111, 116-119, 120-121, 121-123, 124, 126, 130, 132, 171-172, 173-174.

«Individual and Collective Problems in the Study of Thinking», *Annals of the New York Academy of Sciences,* 91, 22-37.

1961

Les mécanismes perceptifs. Modèles probabilistes, analyse génétique, relations avec l'intelligence, Paris, P.U.F.

Études d'épistémologie génétique XIV:

Épistémologie mathématique et psychologie, di E. W. BETH e J. PIAGET, Paris P.U.F., Vol. XIV, II parte, pp. 143-324; con E. W. BETH, Conclusioni generali, pp. 325-332.

Rapports sur les travaux de psychologie de l'enfant effectués dans les écoles de Genève en 1960-1961, Genève, I.S.E.

«The Language and Thought of the Child», in *Classics in Psychology,* New York, Thorno Shipley, pp. 994-1031.
«Defense de l'Épistémologie génétique», *Revue philosophique,* 475-500 (Reproduit in *Ét. Épist. Génét.,* XVI, V. à 1962).
«The Genetic Approach to the Psychology of Thought», *Journal of Educational Psychology,* 52 (6), 275-281.
In collaborazione con VINH BANG, «L'évolution de l'illusion des espaces divises (Oppel-Kundt) en présentation tachistoscopique», *Archives de Psychologie,* 38, 1-21.
In collaborazione con B. MATALON e VINH BANG, «L'evolution de l'illusion dite "verticale-horizontale", de ses composantes (rectangle et équerre) et de l'illusion de Delboeuf en présentation tachistoscopique», *Archives de Psychologie,* 23-68.
In collaborazione con A. MORF, «La comparaison des verticales ed des horizontales dans la figure en équerre», *Archives de Psychologie,* 69-88.
In collaborazione con VINH BANG, «L'enregistrement des mouvements oculaires en jeu chez l'adulte dans la comparaison verticales, horizontales et obliques et dans les perceptions de la figure en équerre», *Archives de Psychologie,* 89-141.
In collaborazione con VINH BANG, «Comparaison des mouvements oculaires et des centrations du regard chez l'enfant et chez l'adulte», *Archives de Psychologie,* 167-199.

1962

Études d'épistémologie génétique XVI:
Introduction au Vol. XVI, *Implication, formalisation et logique naturelle,* di E. W. BETH, J. B. GRIZE, R. MARTIN, B. MATALON, A. NAESS, e J. PIAGET, Paris, P.U.F., pp. 1-7.
«Défense de l'Épistémologie génétique», *Ibid.,* pp. 165-191.
Préface à T. GOUIN-DÉCARIE, *Intelligence et affectivité chez le jeune enfant,* Neuchâtel & Paris, Delachaux & Niestlé, pp. 5-8.
Préface à M. LAURENDEAU e A. PINARD, *La pensée causale, Étude génétique et expérimentale,* Paris, P.U.F., pp. 7-11.
In collaborazione con B. INHELDER, «Le développement des images mentales chez l'enfant», *Journal de psychologie normale et pathologique,* 59 (1-2), 75-108.
«Le rôle de l'imitation dans la formation de la représentation», *Évolution psychiatrique* (en hommage à H. Wallon), 27 (1), 141-150.
In collaborazione con Y. FELLER e M. BOVET, «La perception de la durée en fonction des vitesses», *Archives de Psychologie,* 38, 1-55.
«Le temps et le developpement intellectuel de l'enfant», *La vie et le temps. Rencontres internationales de Genève, 1962. Collection Histoire et Société d'aujourd'hui,* Neuchâtel, La Baconnière, pp. 35-38. Discussion: «Le temps du développement psychologique», pp. 179-192; «Sciences normatives et éducation», pp. 201-209.
Comments on Vygotsky's Critical Remarks Concernig the Language and Thought of the Child, and Judgment and Reasoning in the Child (n. 9), Cambridge, Mass., M.I.T.,Press.
«Three Lectures» The Stages of the Intellectual Development of the Child; The Relation of Affectivity to Intelligence in the Mental Development of the Child; Will and Action», *Bulletin of the Menninger Clinic* (Topeka, Kansas», 26 (3), 120-145.

1963

Études d'épistémologie génétique XV:

«Le problème de la filiation des structures», introduction au Vol. XV, *La filiation des structures,* di L. APOSTEL, J. B. GRIZE, S. PAPERT e J. PIAGET, Paris, P.U.F., 1-23.

Études d'épistèmologie génétique XVII:

«Les travaux de l'année 1959-1960 et le Ve Symposium du Centre international d'Épistémologie génétique», in Vol. XVII, *La formation des raisonnements récurrentiels,* di P. GRECO, B. INHELDER, B. MATALON e J. PIAGET, Paris, P.U.F., pp. 3-46.

In collaborazione con B. INHELDER, «De l'itération des actions à la récurrence élementaire», *Ibid.,* pp. 47-120.

«Préface» a M. NASSEFAT, *Étude quantitative sur l'évolution des opérations intellectuelles,* Neuchâtel & Paris, Delachaux & Niestlé.

«Préface» a E. VURPILLOT, *L'organisation perceptive, son rôle dans l'évolution des illusions optico-géométriques,* Paris, Vrin, pp. 7-8.

«L'explication en psychologie et le parallélisme psychophysiologique», *Traité de Psychologie expérimentale* (PAUL FRAISSE e JEAN PIAGET, a cura di), tome I: *Histoire et Méthode,* Paris, P.U.F., pp. 121-152.

«Le développement des perceptions en fonction de l'âge», *Ibid.,* tome VI: *La perception,* Paris, P.U.F., pp. 1-57.

In collaborazione con B. INHELDER, «Les images mentales», *Ibid.,* tome VII: *L'intelligence,* Paris, P.U.F., pp. 65-108.

In collaborazione con B. INHELDER, «Les opérations intellectuelles et leur développement», *Ibid,* pp. 109-155.

In collaborazione con S. PAPERT, «Note sur les relations entre les illusions de Müller-Lyer et de Delboeuf» *Année psychologique,* 63, 351-357.

«Problèmes psychologiques et épistèmologiques du temps», *Cahiers de psychologie* (Société de Psychologie du Sud-Est), 6 (4), 217-237.

«Le langage et les opérations intellectuelles», in *Problèmes de psycholinguistique. Symposium de l'Association de psychologie scientifique de langue française, Neuchâtel, 1962,* Paris, P.U.F., pp. 51-61. Discussion: pp. 71-72.

1964

Six études de psychologie, Genève, Éd. Gonthier.

1. «Le développement mental de l'enfant», Zurich, *Juventus Helvetica,* 1943.
2. «La pensée du jeune enfant», Conférence prononcée à l'Institute of Education, Université de Londres, 1963.
3. «La langage et la pensée point de vue génétique», *Acta Psychologica,* Amsterdam, 1954, Vol. 10.
4. «Le rôle de la notion d'équilibre dans l'explication en psychologie», *Acta Psychologica,* Amsterdam, 1959, Vol. 15.
5. «Problèmes de psychologie génétique», *Voprossi Psykhologuii,* Moscou, 1956.
6. «Entretiens sur les notions de "genèse" et de "structure"», *Congrès et Colloques,* Vol. 8, La Haye-Paris, Mouton & Cie, 1964.

Traduzione:

Lo sviluppo mentale del bambino e altri studi di psicologia, Torino Einaudi, 1967.

Études d'épistémologie génétique XVIII:

«Les travaux de l'année 1960-1961 et le VIe Symposium (1924 juin 1961) du Centre international d'Épistémologie génétique», Introduction au Vol. XVIII. L'épistémologie de l'espace di V. BANG, P. GRECO, J. B. GRIZE, Y. HATWELL, J. PIAGET, G. N. SEAGRIM e E. VURPILLOT Paris, P.U.F., pp. 1-40.
«Classification des disciplines et connexions interdisciplinaires», *Revue internationale des Sciences sociales,* 16, 598-616.
«Cognitive Development in Children (Development and Learning; The Development of Mental Imagery; Mother Structure and the Notion of Number; Relations Between the Notions of Time and Speed in Children», in R. RIPPLE e V. ROCKCASTLE (a cura di), *Piaget Rediscovered. Report of the Conference on Cognitive Studies and Curriculum Development. Cornell University,* pp. 6-48.
«Genèse et structure en psychologie de l'intelligence», In *Entretiens sur les notions de «genèse» et de «structure»,* Congrès et colloques, Vol. 8, La Haye-Paris, Mouton & Cie.

1965
Sagesse et illusion de la philosophie, Paris, P.U.F.
Traduzione:
Saggezza e illusione della filosofia, Torino, Einaudi, 1969.
Études sociologiques, Genève, Droz.
1. «Explication en sociologie, in *Introduction à l'épistémologie génétique, tome III: La pensée biologique, la pensée psychologique et la pensée sociologique,* Paris, P.U.F., 1951.
2. «Essai sur la théorie des valeurs qualitatives en sociologie stitique ("synchonique")», in *Publications de la Facultè des Sciences économiques et sociales de l'Université de Genève,* Genève, Georg, 1941.
3. «Les opérations logiques et la vie sociale», *Ibid.,* 1945.
4. «Les relations entre la morale et le droit», *Ibid.,* 1944.

In collaborazione con B. INHELDER, *Rapport sur les travaux de psychologie de l'enfant effectués dans les écoles de Genève,* Genève, I.S.E.
«PRÊFACE» a B. BEAUVERD. *Avant le calcul. Cahiers de pédagogie expérimentale et de psycologie de l'enfant,* Neuchâtel & Paris, Delachaux & Niestlé, 21, 1-2.
«Langage et pensée», *La Revue du Praticien,* tome XV, 17, 2253-2254.
«Éducation et instruction depuis 1955», *Encyclopedie Française.* «Mise à jour du tome 15», *Education et Instruction,* 7-45.
«Psychology and Philosophy», In WOHLMAN e NAGEL (a cura di), *Scientific Psychology, Principles and Approach,* New York & London, Basic Books, pp. 28-43.
In collaborazione con ALINA SZEMINSKA *Die Enteicklung des Zahlbegriffs beim Kind,* Stuttgard, Klett.

1966
In collaborazione con B. INHELDER, *La psychologie de l'enfant,* Collection «Que sais-je», Paris, P.U.F..
Traduzione:
La psicologia del bambino, Torino, Einaudi, 1970.
In collaborazione con B. INHELDER, *L'image chez l'enfant. Étude sur le développement des représentations imagées* (avec la collaboration de M. BOVET, A. ETIENNE, F. FRANK, E. SCHMID, S. TAPONIER et T. VINH BANG), Paris, P.U.F..

Traduzione:
L'immagine mentale nel bambino, Firenze, La Nuova Italia, 1971.
«Time Perception in Children», in J. P. FRAZER (a cura di), *The Voices of Time,* New York, G. Braziller, pp. 202-216.
«Response to Brian Sutton-Smith», *Psychological Review,* 73, 111-112.
Études d'épistémologie génétique XX:
«Les travaux des années 1961-1963 et le Symposium VII et VIII (juin 1962 et juin 1963) du Centre international d'Épistémologie génétique. Problèmes du temps et de la fonction», chap. 1, Vol. XX, *L'épistèmologie du Temps,* di J. B. GRIZE, K. HENRY, M. MEYLAN-BACKS, F. ORSINI, J. PIAGET e N. VAN DEN BIGAERT, Paris, P.U.F., pp. 1-66.
Con la collaborazione di MARIANNE MEYLAN-BACKS, «Comparaisons et opèrations temporelles en relations avec la vitesse et la fréquence», *Ibid.,* 67-106.
«Nécessité et signification des recherches comparatives en psychologie génétique», *Journal international de Psychologie,* 1, 3-13.
«Foreword» a MILLIE ALMY, in collaborazione con EDWARD CHITTENDEN e PAULA MILLER, *Young Children's Thinking, Studies of Some Aspects of Piaget's Theory,* New York, Teachers College Press, Columbia University.

1967
«Logique et connaissance scientifique», in R. QUENEAU (a cura di), *Encyclopédie de la Pléïade,* Paris, Gallimard.
Biologie et connaissance, Coll. «L'avenir de la science», Paris, Gallimard.
Traduzione:
«Biology and knowledge» in HANS G. FURTH, *Piaget and knowledge. Theoretical foundations,* Englewood Cliffs, New Jersey, PrenticeHall, 1969, p. 193.

1968
In collaborazione con H. SINCLAIR-DE ZWARTS, *Mémoire et intelligence,* Paris, P.U.F.
Traduzione:
«Memory and intelligence», in HANS G. FURTH, *Piaget and knowledge. Theoretical foundations,* Englewood Cliffs, New Jersey, Prentice-Hall, 1969, pp. 155-163.
Le Structuralisme, Paris, P.U.F.
Traduzione:
Lo strutturalismo, Milano, Il Saggiatore, 1969.

1969
Psychologie et pédagogie, Paris, Denoël-Gonthier, «Bibliothèque Médiations», 59.
Traduzioni:
Psicologia e pedagogia, Torino, Loescher, 1970.
Science of education and the psychology of the child, New York, Orion Press 1970.
Science of education and the psychology of the child, New York, The Viking Press, 1971.

Science of education and the psychology of the child, London, Longman, 1971 (disponibile anche in paperback).
Psychologie und Pädagogik, in JEAN PIAGET, *Theorien und Methoden der modernen Erziehung,* Wien München, Zürich, Molden, 1972.
Psykologi og paedogogik, København, Hans Reitzel, 1973².
Psicologia y pedagogia, Barcelona, Ariel, 1973⁴.
Psicologia e pedagogia, Rio de Janeiro, Forense, 1970.
Psicologia e pedagogia, trad. rev., Rio de Janeiro, Forense universitária, 1976.
Psihologie si pedagogie, Bucuresti, Editura Didacticǎ si Pedagogicǎ, 1972, «Pedagogia secolului XX».
Psykologi och undervisning, Stockholm, Aldus-Bonnier, 1972, «Aldusserien» 359.
Il cap. «Education et instruction depuis 1935», è pubbl. anche a parte, *Educación e instrucción,* Buenos Aires, Proteo, 1968, «Biblioteca persona y sociedad», 13.
«The intellectual development of the adolescent», in *Adoloscence: psychosocial perspectives,* GERALD CAPLAN e SERGE LEBOVICH (a cura di), New York & London, Basic Books, pp. 22-26.
«Le structuralisme», in *Structuralisme et symbolisme,* Colloque de Genève, 3-4 février 1968, organisé par la Société de symbolisme *(Cahiers internationaux de symbolisme,* Genève, 17-18, 1969), pp. 73-85.

Traduzione:
«Structuralism», *Humanitas, Journal of the institute of man,* Pittsburgh, *11* (1974), pp. 313-327.
«Foreword», in HANS G. FURTH, *Piaget and Knowledge. Theoretical foundations,* Englewood Cliffs/New Jersey, Prentice-Hall, 1969, pp. V-VIII.
Traduzione:
«Geleitwort», in HANS G. FURTH, *Intelligenz und Erkennen. Die Grundlagen der genetischen Erkenntnisteorie Piagets,* Frankfurt, a M., Suhrkamp, 1972, pp. 9-13.
«La psychologie, les relations interdisciplinaires et le système des sciences», in 18ᵉ *Congrès international de psychologie,* Moscou, 4-11 août 1966, Moscou, Naouka, p. 123-151.
Riassunto del congresso in francese in: *18ᵉ Congrès international de psychologie,* Moscou, 4-11 août 1966, Moscou, Naouka, 1969, p. 203-206.
Traduzioni:
«Psikhologiia, mejdistsiplinarnye sviazi i sistema naouk», in *18 Mejdounarodnyĭ psikhologitcheskiĭ kongress,* Moskva, 4-11 avgousta 1966, Moskva, Izdatelstvo Naouka, 1969, p. 125-155.
«Vystouplenie», in *18 Mejdounarodnyĭ psikhologitcheskiĭ kingress,* Moskva, 4-11 avgousta 1966, Moskva Izdatelstvo Naouka, pp. 207-210.
Riassunto del congresso in inglese, in *18th International congress of psychology,* Moscow, August 4-11, 1966, Moscow, Nauka 1969.
«L'épistémologie génétique», in *La philosophie contemporaine. Chroniques Contemporary philosophy. A survey,* a cura di RAYMOND KLIBANSKY, Vol. 3: *Métaphysique, phénomenologie, langage et structure/Metaphysics, phenomenology, language and structure,* Firenze, La Nuova Italia, 1969, p. 243-257.
Pubblicato anche in JEAN PIAGET, *Psychologie et épistemologie,* Paris, Denoël-Gonthier, 1970, pp. 7-32.
In collaborazione con BARBEL INHELDER, «The gaps in empiricism», in

Beyond reductionism. New perspectives in the life sciences, The Alpbach symposium 1968, a cura di ARTHUR KOESTLER e R. SMYTHIES, London, Hutchinson, 1969 & New York. The Macmillan Company, 1970; Boston, Beacon Press; Beacon paperback 406, 1971, pp. 118-148, con discussione, pp. 149-156 e afterthoughts by JEAN PIAGET, pp. 157-158; references, pp. 159-160; e estratto, London, Hutchinson, 1969, p. 43.
Pubblicato anche in:
Piaget and his school. A render in developmental psychology. A cura di BARBEL INHELDER e HAROLD CHIPMAN, New York, Springer, 1976, pp. 24-35.
I due primi paragrafi in francese, Quelques remarques sur les insuffisances de l'empirisme», in *Studia philosophica, Annuaire de la Société suisse de philosophie,* Bâle, 28 (1968), pp. 119-128.
Traduzione:
«Jenseits des Empirismus», in *Das neue Menschenbild. Die Revolutionierung der Wissenschaften vom Leben. Ein internationales Symposion,* a cura di ARTHUR KOESTLER e J. R. SMYTHIES, Wien, München, Zürich, Molden, 1970, pp. 126-154; Diskussion, pp. 155-161; Nachtrag von JEAN PIAGET, pp. 162-163; Literaturverzeichnis, pp. 413-414.
«Genetic epistemology», Essay adapted from the first and third of the Woodbridge lectures, Columbia University, New York.
Pubblicato anche in:
Readings for an introduction to psychology, a cura di RICHARD A. KING, New York, McGraw-Hill, 1971[3], pp. 186-193.
RICHARD EVANS, *JEAN PIAGET, The man and his ideas,* New York, E. P. Dutton, 1973, pp. XLII-LXI.
Readings in human development '73-'74, Guilford, Connecticut, Dushkin publishing Group, 1973, pp. 41-48.
Traduzioni:
«L'epistemologia genetica», in *Che cos'è la psicologia intervista di Richard Evans,* Roma, Newton Compton editori, 1980.
«L'épistémologie génétique», in RICHARD I. EVANS, *Jean Piaget: ses idées,* Paris, Denoël-Gonthier, 1977, pp. 37-54.
«Lettre à Arnold Reymond», in *Hommage à Arnold Reymond 1874-1958 «Études de lettres», Bulletin de la Faculté des lettres de l'Université de Lausanne et de la Société des études de lettres,* Lausanne, série 3, tome 2 (1969), n. 2, p. 112.
«Author's preface to the English edition of Les mécanismes perceptifs», in JEAN PIAGET, *The mechanisms of perception,* London, Routledge & Kegan Paul e New York, Basic Books, pp. IX-X.

1970
L'épistemologie génétique, Paris P.U.F., «Que sais-je?», 1399.
Traduzioni:
L'epistemologia genetica, Bari, Laterza, 1971, «Universale Laterza», 180.
Genetic epistemology, New York & London, Columbia University Press «Woodbridge lecture series», 8 Edizione Paperback, New York, Norton, «The Norton Library», 596 e Toronto, McLeod, 1971.
Conferenze sulla epistemologia genetica, Roma, Armando Armando, 1972, «Serie di psicologia», 6.
The principles of genetic epistemology, With author's preface to the English edition, London, Routledge & Kegan Paul 1972.

Abriss der genetischen Epistemologie, Olten & Freiburg i.Br., Walter-Verlag, 1974.
La epistemologia genética, Barcelona, Edición Castellana, A. Redondo, 1970, 25 «Collecciòn Beta, Serie psicologia y ciencias de la educación».
Hasseiteki ninshikiron, Tokyo, Hakusuisha, 1972.
Genetische epistemologie, Amsterdam, Nederlanse editie, Boom Meppel, 1976.
A epistemologia genética, Petròpolis, Estado do Rio de Janeiro, Vozes, 1972, 1973².
A epistemologie genética, Petropolis, Editora Vozes, 1973².
Epistemologia genetică, Cluj, Editura Dacia, 1973.
Einführung in die genetische Erkenntnistheorie (Vier Vorlesungen), Frankfurt a.M., Suhrkamp, 1973, «Suhrkamp taschenbuch wissenschaft», 6.
Hàseiteki ninshikiron, Tokyo, Hyoronsha, 1972, «Hyoronsha no Kyóyo sosho», 29.
Psychologie et épistémologie, Paris, Denoël-Gonthier, «Bibliothèque Médiations», 73.

Traduzioni:
Psicologia ed epistemologia, Torino, Loescher, 1974², «Testi di filosofia, pedagogia e didattica», Nuova serie «Attualità pedagogiche».
Psychology and epistemology, New York, Grossman, 1971, «An Orion Press book».
Psychology and epistemology: towards a theory of knowledge, Harmondsworth/Middlesex, England Penguin Books; Ringwood/Victoria, Australia, Penguin Books, Australia, 1972, «Penguin university books».
Psykologi og erkendelsesteori, København, Hans Reitzel, 1972.
Psicologia y epistemologia, Barcelona, Ariel, 1971, 1975³, «Ariel quincenal», 57.
Psicologia y epistemologia, Buenos Aires, Emecé, 1972.
Psicologie en Kennisleer, Utrecht & Antwerpen, Het Spectrum, 1973, «Aula-boeken», 492.
Psychologia i epistemologia, Warszawa, Państwowe Wydawnictwo Nankove, 1977, «Biblioteka psychologii wspczesnej».
Psicologia e epistemologia, Lisboa, Publicaçoes Dom Quixote, 1976², «Colecçao universidade moderna, 29».
Psicologia e epistemologia, Rio de Janeiro, Forense, 1973.
«The development of object concept», in *Perceptual learning and adaptation.* Selected readings, a cura di C. DODWELL, Harmondsworth, Middlesex, Penguin Books.
Estratto da JEAN PIAGET, *The construction of reality in the child,* New York, Basic Books, 1954, pp. 4-11.
«Piaget's theory», in *Carmichael's manual of child psychology,* a cura di PAUL H. MUSSEN, New York, Wiley, vol. 1, pp. 703-732.
Pubblicato anche in *Piaget and his school. A reader in developmental psychology,* BARBEL INHELDER e HAROLD CHIPMAN, New York, Springer, 1976, pp. 11-23.
La mémoire. Symposium de l'Association de psychologie scientifique de langue française, Genève 1968, Paris, P.U.F.
«Problèmes généraux dans les recherches interdisciplinaires et mécanismes communs», in *Tendances principales de la recherche dans les sciences sociales et humaines.* Première partie: *Sciences sociàles,* p. 169-178; discussion du rapport par FRANÇOIS BRESSON, p. 178-182, avec réponse de

JEAN PIAGET, p. 182-184; discussion générale, p. 259-301 (PIAGET, p. 263-264, p. 265-266, p. 272, p. 297-298, p. 300-301), Paris, Unesco & La Haye, Mouton, Introduction: «La situation des sciences de l'homme dans le système des sciences», p. 1-65; chapitre 3: «La psychologie», p. 274-339; chapitre 7: «Problèmes généraux de la recherche interdisciplinaire et mécanismes communs», p. 559-628.

Pubblicato anche a parte con l'aggiunta di una prefazione, col titolo: *Épistémologie des sciences de l'homme,* Paris, Gallimard, 1972, «Idées, 260».

Main trends of research in the social and human sciences, Part. 1: *Social sciences,* preface by RENÉ MAHEU; foreword by SAMY FRIEDMAN, Paris, Unesco & the Hague, Mouton. Introduction: «The place of the sciences of man in the system of sciences», p. 1-57; chapter 3: «Psychology», p. 225-282; chapter 7: «General problems of interdisciplinary research and common mechanisms», p. 467-528.

Traduzioni:

La scienza dell'uomo, Bari, Laterza, 1973, «Universale Laterza», 253.

Con la prefazione all'edizione francese: *Dimensiuni interdisciplinare ale psihologiei,* Bucuresti, Editura Didactică si Pedagogică, 1972.

Con la prefazione all'edizione francese: *Erkenntnistheorie der Wissenschaften vom Menschen,* Frankfurt a.M., Berlin, Wien, Ullstein, 1973 (cop. 1972).

Il capitolo 3: *Main trends in psycology,* London Allen & Unwin, 1973.

Il capitolo 3: *A psicologia,* Amadora, Livraria Bertrand, 1972.

Il capitolo 7: *Main trends in interdisciplinary research,* London, Allen & Unwin, 1973.

Il capitolo 7: *Problemas gerais da investigação interdisciplinar e mecanismos comuns.* Amadora, Livraria Bertrand, 1973.

L'introduzione, con la prefazione all'edizione francese. *A situação das ciências do homem no sistema das ciências,* Amadora, Livraria Bertrand, 1972.

L'introduzione, *De humanistiske videnskaber. Problematic og placering,* København, Hans Reitzel, 1975.

«Die sozialen Faktoren der geistigen Entwicklung», in *Die Gruppe im Lehr-und Lernprozess,* a cura di ERNST MEYER, Frankfurt a.M., Akademische Verlags-gesellschaft, 1970, pp. 39-48, da JEAN PIAGET, *Psychologie der Intelligenz,* 2. Aufl. Zürich & Stuttgart, Rascher, 1966, pp. 176-187.

«L'évolution intellectuelle entre l'adolescence et l'âge adulte», in *3rd international convention and awarding of FONEME prizes 1970,* Milan, May 9-10, 1970, a cura di FONEME, institution for studies and research in human formation, Milano, FONEME pp. 149-156.

«Intellectual evolution from adolescence to adulthood», in *3rd International convention and awarding of FONEME prizes 1970,* Milan, May 0-10, 1970, FONEME institution for studies and research in human formation, Milano, FONEME, pp. 157-164.

«L'evoluzione intellettiva nel periodo tra l'adolescenza e l'età adulta», in *3° Convegno internazionale e consegna dei premi FONEME 1970,* Milano, 9-10 maggio 1970, a cura di FONEME, istituzione per lo studio e la ricerca nel campo della formazione umana, Milano FONEME, pp. 127-134.

Traduzioni:

«Intellectual evolution from adolescence to adulthood», in *Human development,* Basel e New York, *15* (1972), pp. 1-12.

«A evolução intelectual entre a adolescencia e a maturidade», in *Revista portuguesa de pedagogia,* Coimbra. 5 (1971), pp. 83-95.
«A conversation with Jean Piaget and Bärbel Inhelder by Elizabeth Hall», *Psychology today,* Camino del Mar, Del Mar, California, 3 (1969-1970), pp. 25-32 (PIAGET), pp. 54-56 (INHELDER); e estratti Del Mar, Communications, Research, Machines Inc. 10p.
Traduzioni:
«Un entretien avec Jean Piaget et Bärbel Inhelder par Elizabeth Hall», *Psychologie* - comprendre, savoir, agir - *dans le monde d'aujourd'hui,* Paris, n. *14,* mars 1971, pp. 50-56 (PIAGET), pp. 57-59 (INHELDER).
«Gespräch mit Jean Piaget und Bärbel Inhelder Warum Kinder lernen», *Psychologie heute,* Weinheim und Basel, 1 (1974) Heft 1, September, pp. 13-17, 72-74 (PIAGET), pp. 74-77 (INHELDER).
«Préface», in «Festschrift für Richard Meili zu seinem 70. Geburtstag», *Revue suisse de psychologie, 29* (1970), n. 1-2, p. 5-6.
«Introduction du directeur (1929-1967)», in *Conférences internationales de l'instruction publique. Recommandations 1934-1968,* Genève, Bureau international d'Éducation, e Paris, Unesco, Publication du Bureau international d'Éducation, 327, p. IX.
«Introduction of the director (1929-1967)», in *International conferences on public education. Recommendations 1934-1968,* Genève, International Bureau of Education & Paris, Unesco, Publications of the International Bureau of Education, 328, p. IX.
«Introducciòn del director (1929-1967)», in *Conferencias internacionales de instrucciòn publica. Recomandaciones 1934-1968,* Ginebra, Oficina internacional de educación & Paris, Unesco, Publicación de la Oficina internacional de educación 331, p. IX.
«The use of reflexes» in *Readings for a cognitive theory of personality,* a cura di JAMES C. MANCUSO, New York, Holt, Rinehart and Winston, pp. 177-191, selezione da JEAN PIAGET, *The origins of intelligence in children,* New York, International Universities Press, 1952, pp. 29-46.

1971
«The theory of stages in cognitive development», in *Measurement and Piaget,* Proceedings of the CTB - California Test Bureau, McGraw-Hill conference on ordinal scales of cognitive development, Monterey, California, February 9-11, 1969. A cura di DONALD ROSS GREEN, MARGUERITE P. FORD, GEORGE B. FLAMER, New York, McGraw-Hill, 1971, pp. 1-11; comments on HARRY BEILIN'S paper, pp. 191-197 (PIAGET, pp. 192-194); closing remarks by BÄRBEL INHELDER and JEAN PIAGET, pp. 210-213 (PIAGET, pp. 210-213).
Pubblicato anche in:
Aspects of Piaget's theory of development of thought., a cura di FRANK B. MURRAY, New York, Simon & Schuster, Selected Academic Readings.
«Hasard et dialectique en épistémologie biologique. Esamen critique des théses de Jaques Monod», *Sciences, revue de la civilisation scientifique,* Paris, n. *71,* mars-avril 1971, pp. 29-36.
«A' quelle image de l'homme conduit la psychologie? Le professeur Piaget répond», *Études et carriéres, revue d'information professionnelle universitaire,* Genève, 2 (1971), nn. 6-7, pp. 60-62.
«Préface», in EMILIA FERREIRO, *Les relations temporelles dans le langage de l'enfant,* Genéve & Paris, Droz, pp. XI-XV.
«Préface», in ETIENNE DELESSERT, *Comment la souris reçoit une pierre sur la*

tête et découvre le monde, avec la collaboration d'OBILE MOSIMANN; expérimentation dirigée par JEAN PIAGET, organisée par BERTIL GALLAND et réalisée par ODILE MOSIMANN et ANNE VAN DER ESSEN, Paris, L'école des loisirs.

Pubblicato anche in 2 articoli:

«Jean Piaget explique le dialogue du peintre et des enfants» e «La logique des moins de six ans commentée par Jean Piaget», *Tribune de Genéve,* 23 février 1973, p. 37 et 24-25 février 1973, p. 39.

Traduzioni:

«Foreword», in ETIENNE DELESSÉRT, *How the mouse was hit on the head by a stone and so discovered the world,* Garden City, New York, Doubleday, 1971.

«Vorwort, in ETIENNE DELESSERT,*Dann fiel der Maus ein Stein auf den Kopf; so fing sie an, die Welt zu entdecken,* Köln, Middelhauve, 1972.

«Méthodologie des relations interdisciplinaires», in *Problèmes de méthodologie. Colloque de l'Académie internationale de philosophie des sciences,* Lausanne, 2-9 septembre 1969, *Archives de philosophie,* Paris, *34* (1971), n. 4, pp. 539-549, avec résumé en français et en anglais, p. 539.

«The rules of the game», in *Child development. A study of growth processes,* a cura di STEWART COHEN, Itasca, Illinois, Peacock, pp. 392-401. Ristampato da JEAN PIAGET, *The moral judgment of the child,* New York, Free Press, 1965, pp. 13-29.

«Inconscient affectif et inconscient cognitif», in *Raison présente,* Paris, n. *19,* juillet-septembre 1971, pp. 11-20. Conférence donnée le 18 décembre 1970 à l'occasion du «Fall meeting of the American psychoanalytic association, New York City, December 17-20, 1970».

Pubblicata anche pn JEAN PIAGET, *Problèmes de psycologie génétique,* Paris, Denoël-Gonthier, 1972, pp. 36-53.

Traduzioni:

«The affective unconscious and the cognitive unconscious», *Journal of the American psychoanalytic association,* New York, *21* (1973), p. 249-261.

«The affective unconscious and the cognitive unconscious», in *Piaget and his school. A reader in developmental psychology,* a cura di B. INHELDER e H. CHIPMAN, New York, Springer, 1976, p. 63-71.

1972

Épistémologie des sciences de l'homme, Paris, Gallimard, «Idées», 260

I 3 capitoli di questo volume sono la riproduzione dell'introduzione e dei capitoli 3 e 7 di uno studio pubblicato dall'UNESCO col titolo *Tendences principales de la recherche dans les sciences sociales et humaines,* parte prima: *Sciences Sociales,* 1970, con l'aggiunta di una prefazione.

Traduzioni:

Erkenntnistheorie der Wissenschaften vom Menschen, Hauptstörmungen der sozialwissenschaftlichen Forschung, Frankfort, Verlag Ullstein, 1972.

Per le traduzioni nelle altre lingue si veda: JEAN PIAGET, 1970, «Problèmes généraux dans la recherche interdisciplinaire et mécanismes communs».

Où va l'education?, Paris, Denoël-Gonthier, «Bibliothèque Médiations» 100. Contiene: «Où va l'education?» (comparso anche col titolo «Fondements scientifiques pour l'éducation de demain», 1972) e «Le droit à l'éducation dans le monde actuel», 1949.

Traduzioni:
To understand is to invent. The future of education, New York, Grossman, 1973.
Para onde vai e educaçao? Rio de Janeiro, José Olympio, 1974².
Problémes de psychologie génétique, Paris, Denoël-Gonthier, «Bibliothèque Médiations», 95. Contiene «Le temps et le développement intellectuel de l'enfant», 1962; «Inconscient affectif et inconscient cognitif», 1971; «Les stades su développement intellectuel de l'enfant et de l'adolescent», 1956; «Les praxies chez l'enfant», 1960; «Perception, apprentissage et empirisme», 1959; «Le langage et les opérations intellectuelles», 1963; «Ce qui subsiste de la théorie de la Gestalt», 1954; «Nécessité et signification des recherches comparatives en psychologie génétique», 1966; «La vie et la pensée», 1954.
Traduzioni:
Problemi di psicologia genetica, Torino, Loescher, 1973, «Testi di filosofia, pedagogia e didattica». Nuova serie: «Attualità pedagogiche».
Probleme der Entwicklungpsychologie, Frankfurt am Main, Syndikat, 1976.
The child and reality. Problems of genetic psychology, New York, Grossman, 1973.
Estudios de psicologì ”ī½ Buenos Aires, Emecé, 1973.
Problemas de psicologia genetica, Barcelona, Ariel, 1975.
Hasseitekù shinrigaku, Kodemo no Hattatsu no Joken, Tokio, Seishin Shobo, 1975.
Problemas de psicologia genetica. Lisboa, Publicaçoes Dom Quixote, 1975², «Universidade Moderna, 34».
Problemas de psicologia genética, Rio de Janeiro, Forense, 1973.
«Operational structures of the intelligence and organic controls» in *Brain and human behavior,* a cura di ALEXANDER G. KARCZMAR e JOHN C. ECCLES, Berlin, Heidelberg, New York, Springer, pp. 393-398. Questo volume è basato sul Symposium on the Brain and human behavior, tenuto nell'ottobre del 1969 come parte delle celebrazioni del centennale della Loyola University of Chicago.
«L'épistémologie des relations interdisciplinaires», in *L'interdisciplinarité: problèmes d'enseignement et de recherche dans les universités,* a cura di LÉO APOSTEL, GUY BERGER, ASA BRIGGS, GUY MICHAUD, Centre pour la recherche et l'innovatión dans l'enseignement, Paris, O. C. D. E., Ch. 1, section 5, pp. 131-144.
Parzialmente ripubblicato in *Uni information*, Genève, 1973, n. 31; pp. 4-8.
Pubblicato anche in *Internationales Jahrbuch für interdisziplinäre Forschung,* Berlin, vol. 1, prima parte, 1974; pp. 154-172.
Traduzione:
In *El mecanismo del desarollo mental,* a cura di JUAN A. DELVAL, Madrid, Editora nacional, 1973, «Psicologia y educacion», pp. 137-165.
Préface della terza edizione di JEAN PIAGET. *Sagesse et illusions de la philosophie,* Paris, P.U.F., pp. V-VII.
In collaborazione con BARBEL INHELDER, HANS G. FURTH, WILL BETH STEPHENS e JEANETTE GALLAGHER, «Problems of equilibration», *Piaget and Inhelder on equilibration,* Proceedings of the 1st Annual symposium of the Jean Piaget Society, Philadelphia, May 26, 1971. C. F. NODINE, J. M. GALLAGHER e R. H. HUMPHREYS, Philadelphia, Pennsylvania, The Jean Piaget Society at Temple University, pp. 1-20; Furth's reply to Piaget's paper, pp. 21-29 with Piaget's reply to Furth, pp. 30-31.
«Fondements scientifiques pour l'éducation de demain», *Perspectives,*

revue trimestrielle de l'éducation, Paris *2* (Unesco), (1972), pp. 13-30. Questo articolo fa parte della seconda serie di studi preparati per la Commission internationale sur le développement de l'éducation, dell'Unesco (Paris, Unesco & Fayard, in prep.; «Collection Le monde sans frontières».

Pubblicato anche col titolo «Où va l'éducation?», in JEAN PIAGET, *Où va l'éducation?,* Paris, Denoël-Gonthier, 1972, pp. 5-40.

Pubblicato anche in *Education et développement,* Paris, n. *82*, 1973, p. 6-22.

E in *Schweizer Erziehungs-Rundschau,* St-Gallen, n. *45*, 1972, pp. 273-276 et n. *46*, 1973, pp. 33-36.

Traduzioni:

«A structural foundation for tomorrow's education», *Prospects, quarterly review of education,* Paris (Unesco), *2* (1972), pp. 12-27.

«A structural foundation for tomorrow's education», in JEAN PIAGET, *To understand is to invent. The future of education,* New York, Grossman, 1973.

«Where is education heading?», in *Documents of the International commission on the development of education,* Unesco Paris. Series B, *Opinions,* n. 6, 1971 (multicopied).

«Physical world of the child», in *Physics today,* New York, *25* (1972), n. 6; pp. 23-27.

Traduzione:

«Fysikàlnì svět dítěte», in *Ceskoslovenský časopis pro fysiku,* Praha, *23,* section A (1973); pp. 627-631.

«How a child's mind grows», in *The neglected years: early childhood,* a cura di MIRIAM MILLER, New York, United Nations Children's Fund (UNICEF) (Public information division), pp. 21-36.

«Vorwort zur deutschen Ausgabe», in JEAN PIAGET, *Die Entwicklung des Erkennens I. Das mathematische Denken,* Stuttgart, Klett, pp. 6-9.

Epistémologie des sciences de l'homme, Paris, Gallimard.

«The concept of structure», in *Scientific thought. Some underlying concepts methods and procedures,* Paris, Unesco & The Hague, Mouton, New Babylon, «Studies in the behavioral sciences», 9, pp. 35-56.

Sophia, Connaissance et science, action et morale, Recueil de textes philosophiques pour la classe de Terminale B avec présentations, notes et questions, a cura di CHRISTIAN DE RABAUDY e BÉATRICE ROLLAND, Paris, Hatier, pp. 60-61 «L'épistémologie»; pp. 71-72 «Intelligence sensori-motrice et intelligence conceptuelle», pp. 107-108 «Objets et méthodes de la philosophie et de la science», pp. 112-113 «Le cercle des sciences», pp. 151-152 «L'accord des mathématiques et de la réalité», pp. 167-168 «Nature du fait scientifique», pp. 227-228 «L'explication en psychologie».

«La psychologie génétique», in MICHEL SALINES, *Pédagogie et éducation. Évolution des idées et des pratiques contemporaines.* Recueil de textes présentés et commentés, Paris & La Haye, Mouton, École Pratique des Hautes Études - Sorbonne, VI section: Sciences économiques et sociales. Le savoir historique, 3, pp. 219-240. Testi estratti da JEAN PIAGET, *Six, études de psycologie,* Genéve, Gonthier, 1964, pp. 9-15, pp. 89-100, pp. 132-143.

«Some aspects of operations», in *Play and development;* contributi di JEAN PIAGET, PETER H. WOLFF, RENÉ A. SPITZ, KONRAD LORENZ, LOIS BARCLAY MURPHY, ERIK H. ERIKSON, a cura di MARIA W. PIERS. New York, Norton &

Toronto, McLeod, pp. 15-27. Questo articolo è stato presentato per la prima volta in un simposio intitolato «Operational thinking», il 4 ottobre del 1969.

Sōzōteki chinō no kaihatsu (Le développement de l'intelligence créatrice). Conferenze di J. PIAGET e B. INHELDER, tenute in francese il 25-27 giugno 1970 a Kyoto, Giappone, in occasione di un Congresso internazionale di specialisti di educazione prescolare, sotto gli auspici dell'Associazione giapponese di educazione prescolare, a cura di YOSHINOBU KAWASAKI, Tokyo, Seibundō Shinkōsha, 1972.

«Discours de réception du "Prix Erasme 1972"», in *Praemium Erasmianum 1972,* Amsterdam, Stichting Praemium Erasmianum, pp. 27-32.

Traduzioni:

«Toespraak van Jean Piaget», in *Praemium Erasmianum 1972,* Amsterdam, Stichting Praemium Erasmianum, 1972, pp. 33-37.

«Lebendige Entwiclung», *Zeitschrift für Pädagogik,* Weinheim & Basel, *20* (1974), p. 1-6.

1973

In collaborazione con vari autori, *L'esplication dans les sciences,* Colloque de l'Académie internationale de philosophie des sciences avec le concours du Centre international d'épistémologie génétique, Genéve, 25-29 septembre 1970, Paris, Flammarion, «Nouvelle bibliotèque scientifique».

«À propos des trois épistémologies: Jean Piaget répond à François Châtelet», *Savoir et action,* Paris, n. 5, mars 1973, pp. 62-64.

«Remarques sur l'éducation mathématique», *Math-École,* Neuchâtel, *12* (1973), n. *58*, p. 1-7.

Traduzioni:

«Comments on mathematical education», in *Developments in mathematical education,* Proceedings of the 2nd International congress on mathematical education, Exeter, August 29th - September 2nd, 1972, a cura di ALBERT GEOFFREY HOWSON, London, Cambridge University Press, pp. 79-87.

«Commentarii asupra educatiei matematice», *Gazeta matematica,* Bucureşti, Seria A, *78* (1973), pp. 283-290.

«Préface», in ALFRED BINET, *Les idées modernes sur les enfants, Paris,* Flammarion, pp. 5-10.

«Les raisons fonctionnelles de la prise de conscience», in «Il centenario della nascita di Claparéde» (*Scuola ticinese,* Bellinzona, ser. *3, 2* (1973), n. *18*), p. 7-8. Estratto dal libro *La prise de conscience,* Paris, P.U.F., 1974, pp. 262-265.

In collaborazione con CHRISTINE OTHENIN-GIRARD, «Contradiction et conservations», in *Psikhologitchesie issledovaniia; posviachtchennye 85 - letiiou so dnia rojdeniia* D. N. OUZNADZE, *Psychological investigations,* volume commemorativo in occasione dell'ottantacinquesimo compleanno di D. N. Usnadze, a cura di A. S. PRANGICHVILI, Tbilisi, URSS, Metsniereba, p. 310-315.

«Dialogue between Richard I. Evans and Jean Piaget», in R. I. EVANS, *Jean Piaget: the man and his ideas,* New York, E.P. Dutton.

Traduzioni:

«Jean Piaget, l'uomo e le sue idee», intervista a JEAN PIAGET di R.I. EVANS, in *Che cos'è la psicologia,* Roma, Newton Compton editori, 1980.

«Dialogue entre Richard I. Evans et Jean Piaget», in RICHARD I. EVANS, *Jean Piaget: ses idées,* Paris, Denoël-Gonthier, 1979.
«Préface de la seconde édition», in JEAN PIAGET, *Introduction a l'épistémologie génétique,* Tome 1: *La pensée mathématique,* Paris, P.U.F., pp. 7-11.
Die entwicklung des Zohlbegriffs beim Kind, in *Psychologie der Zahl,* a cura di ANITA RIESS, München, Kindler Taschenbücher, pp. 146-154. Tratto da JEAN PIAGET e ALINA SZEMINSKA. *Die Entwicklung des Zahlbergriffs beim Kind,* Stuttgart, Klett, 1965, pp. 15-20.
«Piaget sau destinele psihologiei Interviuri», in MIRCEA HERIVAN, *Meridiane pedagogice. Interviuri cu personalitari ale invatamintului,* Bucuresti, Edidura didactica si Pedagogica, pp. 154-166.
«Piaget takes a teacher's look», a dialogue between JEAN PIAGET and ELENOR DUCKWORTH, *Learning, the magazine for creative teaching,* october 1973, o. 22-27.
«Foreword», in *Piaget in the classroom,* a cura di MILTON SCHWEBEL e JANE RAPH, New York, Basic Books, pp. IX-X.
Traduzione:
«Avant-propos», in *Piaget è l'école,* a cura di MILTON SCHWEBEL, JANE RAPH, Paris, Denoël-Gonthier, 1976, «Bibliothéque médiations», 137, pp. 5-6.

1974
Adaptation vitale et psychologie de l'intelligence, Sélection organique et phénopie, Paris, Hermann.
Traduzione:
Biologische Anpassung und Psychologie der Intelligenz, Stuttgart, Ernst Klett Verlag, 1975, «Konzepte der Humanwissenschaften».
In collaborazione con vari autori, *La prise de conscience,* Paris, P.U.F.
Traduzioni:
La presa di coscienza, Milano, Etas Libri, 1975, «Uomo e Società».
The Grasp of Consciousness, Action and Concept in the Young Child, Cambridge, Harvard University Press, 1976.
The Grasp of consciousness, Action and Concept in the Young Child, London, Routledge and Kegan Paul, 1977.
La toma de conciencia, Madrid, Ediciones Morata, 1976.
In collaborazione con vari autori, *Réussir et comprendre,* Paris, P.U.F., 1974, «Psychologie d'aujourd'hui».
Traduzione:
Riuscire e capire, Roma, Editori Riuniti, 1976.
«Préface», in BÄRBEL INHELDER, HERMINE SINCLAIR e MAGALI BOVET, *Apprentissage et structures de la connaissance,* Paris, pp. 5-11.
Traduzione:
«Foreword», in BÄRBEL INHELDER, HERMINE SINCLAIR e MAGALI BOVET, *Learning and the development of cognition,* Cambridge, Harvard University Press, 1974, pp. IX-XIV.
«Foreword», in *Advances in educational psychology 2,* a cura di MIA KELLMER PRINGLE e VED. P. VARMA, London, University of London Press, pp. V-VI.
«Foreword», in HOWARD E. GRUBER, *Darwin on man. A psychological study of scientific creativity,* New York, Dutton, pp. IX-XI.
«Histoire et développement de la causalité», *Raison présente,* Paris, n. 30, 1974, p. 5-20.

«A propos de la généralisation» in *Gymnase cantonal de Neuchâtel. 1873-1973*, a cura del GYMNASE DE NEUCHÂTEL, Neuchâtel, Attinger, 1974 pp. 211-222.

«Les idées de Claparède sur l'intelligence», in *Psychologie: schweizerische Zeitschrift für psychologie und ihre Anwendungen (Revue suisse de psychologie pure et appliquée»*, Bern, *33* (1974), n. 3; p. 274-278; e in *Centenaire de la naissance d'Edouard Claparède* (1873-1940), a cura di GERMAINE DUPARC, Genève, F.P.S.E., Université de Genève, 1976, pp. 66-70.

«The future of developmental child psycholgy», *Journal of Youth and Adolescence*, New York *3* (1974) 2, pp. 87-93.

«Foreword», in MILTON SCHWEBEL e JANE RAPH, *Piaget in the classroom*, Routledge & Kegan Paul, London pp. IX-X.

1975

«L'intelligence selon Alfred Binet», *Bulletin de la Société Alfred Binet et Théodore Simon, Psychologie de l'enfant et pédagogie expérimentale*, 75 (1975) 544, pp. 106-119.

In collaborazione con J.F. CHATILLON, «Solubilité, miscibilité et flottaison», *Archives de Psychologie*, *43* (1975) 169, pp. 27-46.

In collaborazione con CATHERINE DAMI, «L'appareil de Rousenfeld et Hein pour l'étude des effets indépendants d'un même processus causal», *Archives de Psychologie*, *43* (1975), 169, pp. 105-114.

In collaborazione con vari autori, «Relations entre les conservations d'ensembles d'éléments discrets et celles de quantités continues», *Année Psychologique*, *75* (1975), pp. 23-60.

«Foreword», in WILLIAM DOUGLAS WALL, *Constructive education for children*, London-Paris, Harrap - The Unesco Press, pp. XI-XII.

«Introduction générale au dialogue connaissance scientifique et philosophie», *Connaissance scientifique et philosophie*, Colloque organisé les 16 et 17 mai 1973 par l'académie Royale de Sciences, des Lettres et des Beaux-Arts de Belgique, Gembloux, Belgique, Duculot, pp. 13-38.

«Préface», in MONIQUE PINOL-DOURIEZ, *La construction de l'espace*, Neuchâtel-Paris, Delachaux & Niestlé, pp. 5-7.

«From noise to order: the psychological development of knowledge and phenocopy in biology. *The Urban Review, Issues and ideas in public education*, New York, *8* (1975) 3, p. 209-218

«Foreword», in *Explorations in child psychiatry*, a cura di ELWYN JAMES ANTHONY, New York, Plenum Press, pp. VII-IX.

«Foreword», in MELVIN L. WEINER, *The cognitive unconscious: a piagetian approarch to psychoterapy*, California, Geneva, International psychological Press, pp. IX-XI.

1976

Le comportement, moteur de l'évolution, Paris, Gallimard, «Collection Idées», 354.

Traduzioni:

Behavior and evolution, New York, Pantheon, 1978.

«Postface», *Archives de psychologie*, Genève, 1976, *44*, 171, pp. 223-228.

«Le possible, l'impossible et le nécessaire. Les recherches en cours ou projetées au Centre inernational d'Epistémologie Génétique», *Archives de Psychologie*, Geneve, 1976, *44*, 172 pp. 281-299.

«Foreword», in *Piaget and his school. A reader in developmental psychology,* a cura di BARBEL INHELDER e HAROLD CHIPMAN, New York, Springer, pp. V-VI.
«Mastery Play - Symbolic Play», in *Play Its Role in Development and Evolution,* a cura di J. BRUNER, A. JOLLY, K. SYLVA, Penguin Books, pp. 166-174, 555-570, *Play, Dreams and Imitation in Childhood,* Routledge & Keegan Paul, 1951.
«The Rules of the Game of Marbles», in *Play - Its Role in Development and Evolution,* a cura di J. BRUNER, A. JOLLY, K. SYLVA, Penguin Books 6, pp. 413-441, da *The Moral Judgment of the Child,* The Free Press, New York, 1965, pp. 13-76.
«Lo strutturalismo», conferenza tenuta il 24 aprile 1970 a Napoli, Seminario didattico della Facoltà di scienze dell'Università di Napoli, in *Scuola e città,* Firenze, *27* (1976), n. 3; pp. 91-96.
«Réponse à François Lurcat», in *Cahiers de psychologie,* Aix-en-Provence, *19* (1976), n. 3-4; pp. 283-285.

1977

Conversation libres avec Jean Piaget (a cura di JEAN CLAUDE BRINGUIER), Paris, Laffont.
Traduzione:
Intervista su conoscenza e psicologia, Bari, Laterza, 1978.
In collaborazione con vari autori, *Hommage à Jean Piaget. Epistémologie génétique et équilibration,* Delachaux & Niestlé, Neuchâtel, Paris.
«Essai sur la nécessité», in *Archives de psychologie,* Genève, XLV (1977), n. 175, pp. 235-251.
«Prèface», in *International workshop on the cognitive wiewpoint...,* Ghent, 1977, Communication and cognition, pp. VI-VIII
«Some recent research and its link with a new theory of groupings and conservations based on commutability», in *Annals of the New York Academy of sciences,* New York, *291* (1977), pp. 350-358.
«Algunos reflexiones sobre la pedagogia», in *Cuadernos de pedagogía,* Barcelona, *3* (1977), n. 27, pp. 10-11.
«Entrevista a Piaget» realizzata da NURIA SALÒ, EMILIA FERREIRO, in *Cuadernos de pedagogia,* Barcelona, *3* (1977), no 27, pp. 12-13.
«Foreword», in *The essential Piaget,* a cura di HOWARD E. GRUBER, JACQUES VONÈCHE, London, Routledge and Kegan Paul, pp. XI-XII.

1978

In collaborazione con G. HENRIQUES e vari autori, *Recherches sur la généralisation,* Paris, P.U.F.

1979

«Remarques introductives», in PIATTELLI-PALMARINI, *Théorie du language, Théorie de l'apprentissage. Le débat entre Jean Piaget et Noam Chomsky*, Paris, Le Seuil.
«La psychogénèse des connaissances et sa signification epistémologique», in *Théorie du language, Théorie de l'apprentissage. Le débat entre Jean Piaget et Noam Chomsky*, Paris, Le Seuil.

1987

In collaborazione con P. MOUNOUD e J.P. BRONCKART (a cura di) «Psychologie», in *Encyclopédie de la Pléiade*, Paris, Gallimard.

BIBLIOGRAFIA

BALDWIN, A. L., *Behavior and Development in Childhood,* New York, Dryden Press, 1955.

BALDWIN A. L. *Theories of Child Development,* New York, John Wiley & Sons, 1968 (trad. it. *Teorie dello sviluppo infantile,* Milano, Franco Angeli, 1971).

BANDURA, A. e WALTERS, R. H., *Social Learning and Personality Development,* New York, Holt, Rinehart & Winston, Inc. 1963.

BEILIN, H., «Stimulus and Cognitive Transformation in Conservation», In D. ELKIND e J. H. FLAVELL (a cura di), *Studies in Cognitive Development: Essays in Honor of Jean Piaget,* New York, Oxford University Press, 1969, pp. 409-437.

BERLYNE, D. E., «Recent Developments in Piaget's Work», *British Journal of Educational Psycology,* 1957, 27, 1-12.

BERLYNE, D. E., *Structure and Direction in Thinking,* New York, John Wiley & Sons, 1965.

BOWLBY, J., *Attachment,* New York, Basic Books, Inc. 1969.

BREARLEY, MOLLI, e ELIZABETH HITCHFIELD, *A Guide to Reading Piaget,* New York, Schocken Books, 1966.

BRUNER, J. S., GOODNOW, J. J., e AUSTIN, G. A., *A Study of Thinking* New York, Science Editions, 1952.

BRUNER J. S., OLVER, R. R., e GREENFIELD, P. M., *Studies in Cognitive Growth,* New York, John Wiley & Sons, 1966 (trad. it. *Studi sullo sviluppo cognitivo,* Roma, A. Armando, 1968).

CANNON W. B., «Hunger and Thirst», in *A Handbook of General Psychology* (a cura di C. MURCHISON), Worcester, Mass., Clark University Press, 1934.

CHOMSKY, N. *Language and Mind,* New York, Harcourt, Brace and World, 1968.

DECARIE, T. GOUIN, *Intelligence and Affectivity in Early Childhood,* New York, International University Press, 1965.

EVANS R. L. (a cura di) *Conversations with Carl Jung and Reactions from Ernest Jones,* New York, D. Van Nostrand, Inc. 1964 (trad. it. C. G. JUNG, *Psicoanalisi o psicologia analitica? Conversazione con Richard I. Evans con una replica di Ernest Jones,* a cura di R. I. Evans, Roma, Newton Compton editori 1977[2]).

EVANS, R. L. (a cura di) *Dialogue with Erich Fromm,* New York, Harper & Row, 1966.

EVANS, R. I. (a cura di) *B. F. Skinner: The Man and His Ideas,* New York, E. P. Dutton & Co., Inc. 1968 (trad. it. *B. F. Skinner, L'uomo e le sue idee,* Firenze, La Nuova Italia, 1974.

EVANS, R. L. (a cura di) *Dialogue with Erik Erikson,* New York, E. P. Dutton & Co. Inc. 1969a.

EVANS, R. I., *Psychology and Arthur Miller,* New York, E. P. Dutton & Co. Inc., 1969b.

EVANS, R. I., «Contributions to the History of Psychology: X Filmed Dialogues with Notable Contributors to Psychology», *Psychological Reports,* 1969c, 25 159-164.

EVANS, R. I., *Gordon Allport: The Man and His Ideas,* New York, E. P. Dutton & Co, Inc. 1971.

FLAVELL, JOHN H., *The Developmental Psychology of Jean Piaget.* Princeton; D. Van Nostrand Co., Inc., 1963.

FURTH, H. G., *Piaget for Teachers. Englewood Cliffs,* New Jersey, Prentice-Hall, Inc. 1970.

GINSBURG, HERBERT, e SYLVIA OPPER, *Piaget's Theory of Intellectual Development,* New Jersey, Prentice-Hall, Inc. 1969.

HEBB, D. O., *Organization of Behavior,* New York, John Wiley & Sons, 1949.

HULL, C. L., *Principles of Behavior,* New York, Appleton, 1943.

JENSEN, A., «How Much Can We Boost IQ and Scholastic Achievement?», *Harvard Educational Review,* 1969, pp. 1-123.

KESSEN, WILLIAM, e CLEMENT KUHLMAN (a cura di), «Thought in the Young Child», *Monograph of the Society for Research and Child Development, 1962, 27, 2.*

MAIER, HENRY, *Three Theories of Child Development,* New York, Harper & Row, 1965.

MEAD, G. H., *Philosophy of the Present,* La Salle, III., Open Court Publishing, 1932.

NASH, J., *Developmental Psychology, A Psychobiological Approach.,* New Jersey, Prentice-Hall, Inc. 1970.

PHILLIPS, JOHN L., JR., *The Origins of Intellect: Piaget's Theory,* San Francisco, W.H. Freeman & Company, 1969.

SKINNER, B. F., *Verbal Behavior,* New York, Appleton-Century-Crofts, 1968.

SPITZ, R. A., *The First Year of Life,* New York, International Universities Press, 1965, (trad. it. *Il primo anno di vita,* Roma, Armando 1973).

THORNDIKE, E. L., «Animal Intelligence. An Experimental Study of the Associative Processes in Animals», *Psychological Monographs,* 1898, 2, n. 8.

TOLMAN, E. C., *Purposive Behavior in Animals and Men,* New York, Century, 1932.

TUDDENHAM, READ D., «Jean Piaget and the World of the Child». *American Psychology,* 1966, 21, 207-17.

INDICE

p. 7 Prefazione

INTRODUZIONE A PIAGET

11 *Richard I. Evans*
Alcune osservazioni sullo stile del dialogo e analisi di altre parti del volume

15 *David Elkind*
Misurazione delle menti giovani: introduzione al pensiero di Jean Piaget

29 *Jean Piaget*
L'epistemologia genetica

JEAN PIAGET: L'UOMO E LE SUE IDEE

45 Parte prima. Reazioni alla psicoanalisi e altri concetti basilari e opinioni psicologiche

53 Parte seconda. Stadi dello sviluppo cognitivo

65 Parte terza. Considerazioni sull'intelligenza, sui valori e sulla filosofia della ricerca

75 Parte quarta. Ricerca interdisciplinare e rapporto dei concetti piagettiani con l'educazione

85 Parte quinta. Problemi generali di psicologia

93 Parte sesta. Apprendimento, curiosità e creatività

p. 101 Parte settima. Il modello di sviluppo. Comparazione con Skinner, Freud ed Erikson

121 Parte ottava. Autobiografia di Jean Piaget ed elenco delle sue più importanti pubblicazioni
123 Autobiografia
149 Bibliografia generale aggiornata di Jean Piaget

185 *Bibliografia*

Grandi Tascabili Economici, sezione dei Paperbacks
Pubblicazione settimanale, 15 febbraio 1995
Direttore responsabile: G.A. Cibotto
Registrazione del Tribunale di Roma n. 16024 del 27 agosto 1975
Stampato per conto della Newton Compton editori s.r.l., Roma
presso la Rotolito Lombarda S.p.A., Pioltello (MI)
Distribuzione nazionale per le edicole: A. Pieroni s.r.l.
Viale Vittorio Veneto 28 – 20124 Milano – telefono 02-29000221
telex 332379 PIERON I – telefax 02-6597865
Consulenza diffusionale: Eagle Press s.r.l., Roma

Grandi Tascabili Economici

Ultimi volumi pubblicati

256. **Bertrand Russell**, *L'analisi della mente*
257. **Vladimir Vladimirovič Majakovskij**, *Poesie*
258. **Virginia Woolf**, *Gli anni*
259. **Alfred Adler**, *La conoscenza dell'uomo nella psicologia individuale*
260. *I futuristi*. A cura di Francesco Grisi
261. **Joseph Conrad**, *Vittoria*
262. **Guy de Maupassant**, *Tutti i racconti neri, fantastici e crudeli*
263. **Émile Zola**, *Germinal*
264. **Jacob Burckhardt**, *La civiltà del Rinascimento in Italia*
265. **Ernst Theodor Amadeus Hoffmann**, *Gli elisir del diavolo*
266. **Edith Wharton**, *La casa della gioia*
267. **Lev Davidovič Trotskij**, *Storia della Rivoluzione russa, vol.* I. *La Rivoluzione di febbraio*
268. **Lev Davidovič Trotskij**, *Storia della Rivoluzione russa, vol.* II. *La Rivoluzione di ottobre*
    I due volumi della *Storia della Rivoluzione russa* di L. Trotskij sono disponibili anche in cofanetto.
269. **A. M. di Nola**, *Il diavolo*
270. **Howard Phillips Lovecraft**, *I miei orrori preferiti*
271. **Arthur Conan Doyle**, *Tutti i racconti fantastici e dell'orrore*
272. **Arthur Conan Doyle**, *Tutti i romanzi fantastici, vol.* I. *Il mondo perduto, La fine del mondo, La macchina disintegratrice, Una scoperta meravigliosa*
273. **Arthur Conan Doyle**, *Tutti i romanzi fantastici, vol.* II. *Nel paese delle nebbie, Quando la Terra urlò, L'abisso di Atlantide*
    I tre volumi di Arthur Conan Doyle sono disponibili anche in cofanetto.
274. **Bertrand Russell**, *Dio e la religione*
275. **D. H. Lawrence**, *La ragazza perduta*
276. **Virgilio**, *Eneide*
277. **Georg Groddeck**, *Il libro dell'Es*
278. **Honoré de Balzac**, *Tutto il teatro*
279. **Ambrose Bierce**, *Tutti i racconti dell'orrore*
280. **Aleksandr Nicolaevič Afanas'ev**, *Fiabe popolari russe*
281. **Hans Christian Andersen**, *Fiabe*
282. **Jean de La Fontaine**, *Favole*
283. **Charles Perrault e altri**, *I racconti delle fate*
284. **William Butler Yeats**, *Fiabe irlandesi*
    I cinque volumi di *Fiabe* sono disponibili anche in cofanetto.
285. **Alfred Adler**, *Cosa la vita dovrebbe significare per voi*
286. **Edith Wharton**, *Storie di fantasmi*

287. **Marcello Vannucci**, *I Medici*
288. **J. V. Luce**, *La fine di Atlantide*
289. **Evan Hadingham**, *I misteri dell'antica Britannia*
290. **Georges Goyon**, *Il segreto delle grandi piramidi*
291. **J. Alberto Soggin**, *I manoscritti del Mar Morto*
292. **H.V.F. Winstone**, *Alla scoperta della tomba di Tutankhamun*
I cinque volumi *Enigmi e misteri dell'archeologia* sono disponibili anche in cofanetto.
293. **Arthur Schopenhauer**, *La saggezza della vita*, *Aforismi*
294. **Karol Wojtyła (Giovanni Paolo II)**, *Poesie*
295. AA.VV., *Poesie d'amore. L'assenza, il desiderio* (a cura di Francesca Pansa e Marianna Bucchich)
296. **Edith Wharton**, *L'usanza del paese*
297. **Gabriele D'Annunzio**, *Il piacere*, *Giovanni Episcopo*, *L'innocente* (introduzione generale di Giovanni Antonucci e Gianni Oliva; a cura di Gianni Oliva)
298. **Gabriele D'Annunzio**, *Trionfo della morte*, *Le vergini delle rocce* (introduzione generale di Giovanni Antonucci e Gianni Oliva; a cura di Gianni Oliva)
299. **Gabriele D'Annunzio**, *Il fuoco*, *Forse che sì forse che no* (introduzione generale di Giovanni Antonucci e Gianni Oliva; a cura di Gianni Oliva)
300. **Gabriele D'Annunzio**, *Tutte le novelle. Terra vergine*, *Novelle della Pescara* (introduzione generale di Giovanni Antonucci e Gianni Oliva; a cura di Gianni Oliva)
301. **Gabriele D'Annunzio**, *Prose scelte. Solus ad solam*, *Notturno*, da *Le faville del maglio*, *Il libro segreto* (introduzione generale di Giovanni Antonucci e Gianni Oliva; a cura di Gianni Oliva)
I cinque volumi di *Tutti i romanzi e le novelle e prose scelte* di Gabriele D'Annunzio sono disponibili anche in confanetto.
302. **Gabriele D'Annunzio**, *Tutte le poesie*, *vol.* I. *Primo Vere*, *Canto novo*, *Intermezzo di rime*, *Isottèo*, *Chimera*, *Elegie romane*, *Poema paradisiaco* (introduzione generale di Giovanni Antonucci e Gianni Oliva; a cura di Gianni Oliva)
303. **Gabriele D'Annunzio**, *Tutte le poesie*, *vol.* II. *Laudi del cielo del mare della terra e degli eroi* (introduzione generale di Giovanni Antonucci e Gianni Oliva; a cura di Gianni Oliva)
304. **Gabriele D'Annunzio**, *Tutte le poesie*, *vol.* III. *Poesie in dialetto, per canzoni e disperse* (introduzione generale di Giovanni Antonucci e Gianni Oliva; a cura di Gianni Oliva)
I tre volumi di *Tutte le poesie* di Gabriele D'Annunzio sono disponibili anche in cofanetto.
305. **Gabriele D'Annunzio**, *Tutto il teatro*, *vol.* I. *Sogno di un mattino di primavera*, *Sogno d'un tramonto d'autunno*, *La città morta*, *La Gioconda*, *La Gloria*, *Francesca da Rimini*, *Parisina*, *La figlia di Jorio* (introduzione generale di Giovanni Antonucci e Gianni Oliva; a cura di Giovanni Antonucci)
306. **Gabriele D'Annunzio**, *Tutto il teatro*, *vol.* II. *La fiaccola sotto il maggio*, *Più che l'amore*, *La nave*, *Fedra* (introduzione generale di Giovanni Antonucci e Gianni Oliva; a cura di Giovanni Antonucci)
307. **Gabriele D'Annunzio**, *Tutte il teatro*, *vol.* III. *Le martyre de Saint Sebastian (Il martirio di San Sebastiano)*, *La Pisanelle (La Pisanella)*, *Le Chevrefeuille (Il Ferro)* (introduzione generale di Giovanni Antonucci e Gianni Oliva; a cura di Giovanni Antonucci)
I tre volumi di *Tutto il teatro* di Gabriele D'Annunzio sono disponibili anche in cofanetto.

Caro lettore,

ritagli e invii in busta chiusa, dopo aver risposto alle nostre domande, la scheda allegata.

Riceverà in omaggio periodicamente il nostro catalogo.

Dove ha acquistato il libro?

☐ libreria ☐ edicola ☐ ipermercato ☐ regalo

Ritiene di aver acquistato, indipendentemente dall'opera, un prodotto editoriale:

☐ scadente ☐ mediocre ☐ buono ☐ ottimo

Barri con una X le aree di lettura che predilige:

☐ narrativa	☐ filosofia	☐ antropologia	☐ storia
☐ psicologia	☐ poesia	☐ letteratura	☐ saggistica
☐ politica	☐ fiabe	☐ teatro	☐ cucina
☐ architettura	☐ arte	☐ magia	☐ musica
☐ giallo	☐ orrore	☐ fantastico	☐ avventura
☐ fantasy	☐ fantascienza	☐ rosa	☐ archeologia

nome .... cognome ....

età .... professione ....

Via .... cap .... Città ....

Prefisso .... Tel. ....

Spedire a: Newton Compton editori
Via della Conciliazione, 15
00193 ROMA
Tel. 06/68803250

GTE 40

Richiesta volumi arretrati

(Spedizione contrassegno senza alcun contributo per spese postali)

N.B. Per richieste di importo inferiore a L. 10.000, inviare, unitamente alla cedola libraria, francobolli di importo pari all'ordine.

Numero collana	Numero copie	Titolo	Importo

Data ______________________ Firma ______________________